Ursula Muscheler

MÖBEL, KUNST UND FEINE NERVEN

Henry van de Velde und der Kultus der Schönheit 1895–1914

BERENBERG

»Als ästhetisches Phänomen ist uns das Dasein immer noch erträglich.«

FRIEDRICH NIETZSCHE,
Die fröhliche Wissenschaft

VORBEMERKUNG

Van de Velde gleich Jugendstil – die gängige Einschätzung verkennt die eigentliche Bedeutung dieses Künstlers, die sich keineswegs im Schwungvoll-Kunstgewerblichen erschöpft. Er gehörte vielmehr, kaum hatte er in Uccle bei Brüssel sein erstes Haus selbst gebaut und eingerichtet, schon bald zu einem Kreis junger Deutscher mit weitreichenden Absichten.

Julius Meier-Graefe, Eberhard Freiherr von Bodenhausen, Harry Graf Kessler litten wie Henry van de Velde an der historisierenden Hässlichkeit der sie umgebenden bürgerlichen Welt. Sie glaubten, dass eine neue Ära anbrechen müsse, und fühlten sich zu einer wichtigen Mission berufen: ihr Leben im Selbstversuch durch die Kunst zu erhöhen und durch ihr Vorbild die große Menge ästhetisch wie moralisch zu erziehen.

Sie sammelten sich 1895 um die Kunstzeitschrift *Pan* in Berlin und ab 1902 um das Nietzsche-Archiv in Weimar. Sie waren mit Dichtern wie Gerhart Hauptmann, Hugo von Hofmannsthal und Richard Dehmel befreundet und förderten mäzenatisch von ihnen entdeckte Künstler wie Edvard Munch und Aristide Maillol. Die Gestaltung ihrer Wohnungen und Häuser vertrauten sie van de Velde an, damit er sie künstlerisch einheitlich gestalte und zu einer würdigen Umgebung für moderne Menschen forme. Fast alles in diesen Häusern, vom Stuhl bis zur Meerschaumpfeife des Herrn und der Gürtelschnalle der Dame, stammte aus der Hand des Künstlers und war der Schönheit geweiht.

Henry van de Velde in seiner Werkstatt in Ixelles, 1897.

Gemeinsam zelebrierten die Freunde einen Kultus der Schönheit, der die bedrohlichen Entwicklungen der sich industrialisierenden Gesellschaft bannen und den zivilisatorischen Fortschritt, den sie durchaus nicht verschmähten, zähmen sollte. Gegen die hässliche Wirklichkeit setzten sie ihren Entwurf des schönen Lebens, dessen äußere Harmonie wie von selbst zu jener inneren Harmonie führen sollte, die sie so sehr vermissten.

Wie dieser Entwurf des schönen Lebens aussah, schildern uns die historischen Fotografien, die Briefe und Tagebücher der Protagonisten. Ihre Häuser, Wohnungen, Bilder, Skulpturen und Möbel werden zu anschaulichen Zeugen der Geschichte, von der sie auf eine ganz eigene Weise erzählen. Sie lassen die Anordnungen eines Selbstversuchs erkennen, der mit hohen Erwartungen und dem Glauben an einen neuen Stil begann, dann klassizistisch erstarrte und sich schließlich, wie erlöst, in der Massenerregung des Ersten Weltkriegs auflöste.

Auch wenn nach dem Krieg die moderne Reformbewegung ohne die Freunde weiterging, sind sie doch nicht ganz ohne Einfluss darauf geblieben. Aus der van de Veldeschen Kunstgewerbeschule formte 1919 Walter Gropius das Bauhaus. Wie die Freunde fühlte er sich zu einer wichtigen Mission berufen und glaubte, dass die veränderte Welt neue Formen finden müsste. Wie sie verstand er sich als Erzieher zur Schönheit und propagierte, auch wenn sein Entwurf des schönen Lebens etwas spartanischer geriet, die Einheit von Kunst und Leben.

Kaminecke im Esszimmer Haus Bloemenwerf, Uccle bei Brüssel 1896

HEITERE WOHNLICHKEIT IN UCCLE

Hässlich fand der junge belgische Maler Henry van de Velde das bürgerliche Heim seiner Zeit mit seinen dunklen Räumen, schweren Möbeln und sinnlosen Gegenständen, seinen Portieren und Paravents, seinem Plüsch und Nippes. Da erschienen 1891 in den Schaufenstern der Compagnie Japonaise in Brüssel die ersten aus Japan importierten Gegenstände und neuartige kunstgewerbliche Produkte der englischen Firma Liberty. Van de Velde war begeistert von den grazilen Lackmöbeln, den anmutigen Töpfereien und Gläsern, den mit lebendigen Mustern und Farben bedruckten Stoffen und Tapeten. »Wir genossen diese Dinge wie eine Art Frühling, der in unser Leben einbrach, in die graue Langeweile unserer Wohnräume mit ihren schweren, abgeschabten Möbeln, die jede Heiterkeit erstickten, mit all den verstaubten dummen Gegenständen, um die man herumschlich.«[1]

Als kurz darauf einer seiner Freunde die Malerei aufgab, um sich der Töpferei zu widmen, kehrte auch van de Velde sich von der reinen Kunst ab und der angewandten zu, um nach englischem Vorbild das hässliche Leben mit künstlerischen Mitteln zu verschönen. Bald darauf begegnete ihm während einer Landpartie mit Malerfreunden eine junge Frau, der er bei einem einsamen Spaziergang bereits nach einer Stunde offenbarte, was ihn bewegte: die Zweifel an seiner Berufung zum Maler und das Verlangen, wie seine Vorbilder, die Reformer John Ruskin und William Morris, für die »Wiederkehr der Schönheit auf Erden« zu kämpfen. »Ich hatte mit fiebriger Hast gesprochen, wie wenn ich von einer höheren Macht überrascht und vorwärtsgetrieben worden wäre. Als ich innehielt, fühlte ich mich plötzlich erleichtert, ja glücklich. Ich verstummte und erwartete eine Antwort.«[2]

Van de Velde musste nicht lange warten, denn Maria Sèthe, Tochter eines reichen belgischen Fabrikanten deutscher Abstammung, stellte ihn bald darauf ihrer Mutter Louise vor. Auch bot sie ihm an, aus London, wo sie einige Studienmonate verbringen wollte, Muster, Kataloge und Bücher der Firma Liberty als Studienmaterial für Vorlesungen mitzubringen, die van de Velde an der Antwerpener Akademie zur Geschichte des modernen englischen Kunstgewerbes halten wollte.

Nach ihrer Rückkehr übersetzte sie für van de Velde Schriften von Ruskin und Morris ins Französische und versicherte den immer wieder an seiner Mission zweifelnden Freund ihrer unbedingten Loyalität. »Sie müssen alle Ihre Kräfte darauf konzentrieren, Ihrem künstlerischen Traum zum Sieg zu verhelfen (...) Ich versichere Ihnen, falls es in meiner Kraft steht, werde ich Ihnen mit Beharrlichkeit in diesem Kampf helfen.«[3]

Seine Vorlesungen eröffnete van de Velde im Oktober 1893 mit einer *Predigt an die Jugend*. Er sprach vor seinen Hörern als bescheidener Jünger der englischen Pioniere, und seine Predigt geriet noch sehr zaghaft. Erst mit dem Vortrag *Wie ich mir freie Bahn schuf* sei ihm, so fand er selbst, ein erster Schritt auf dem Weg zu einem eigenen, neuen Stil gelungen. Mit ihm habe er die geduldige Zurückhaltung aufgegeben und sich radikal von seinen Vorbildern losgesagt. »Der Augenblick war gekommen, ›aufzuräumen‹, breitere Bahnen zu öffnen und neue Horizonte zu erschließen.«[4]

Die Beziehung zu Maria Sèthe wurde rasch enger. »Ich empfand den glühenden Wunsch, sie als Helferin neben mir zu haben, mit ihr das bescheidene Heim zu gründen, das sich von allen anderen durch seine einfache Einrichtung und seine moralische Atmosphäre unterscheiden sollte, in deren Sauberkeit und Schönheit wir leben könnten; wir – meine Frau, meine Kinder und ich!«[5]

Im Mai 1894 heiratete das zumindest äußerlich die wallonischen und flämischen Elemente seines Heimatlandes so sichtbar verbindende Paar: Henry, klein und schmächtig, mit schmalem Kopf und scharf gezogenem Profil. Maria, blond, von kräftiger, in sich ruhender Statur. Sie bezogen eine Wohnung mit geräumigen Atelierzimmern im Hause Sèthe. Louise wurde ihre erste Auftraggeberin und ließ sie die Möbel für den Salon ihrer Tochter Irma, einer begabten Geigerin, entwerfen. Waren die Möbel aus Zedernholz noch sehr von den englischen Vorbildern bestimmt, ebenso die Tapete *Dahlia*, ein von Maria in London entworfenes stilisiertes Blumenmotiv in Rot, Grün und Blau, wurde Henrys Kampf immerhin publizistisch eigenwilliger.

In der Zeitschrift *La Société Nouvelle* forderte er 1895 die Elite der Menschheit auf, sich vom konformistischen Massengeschmack loszusagen und stattdessen jenem persönlichen Geschmack zuzuwenden, der vom Ethos des Intimsten, was der Mensch besitze, seinem Heim, bestimmt werde. Jeder, der vernünftig denke und seine künstlerische Sensibilität kultiviere, könne hier zum Schöpfer werden. »Die Kunst, die kommt, wird persönlicher sein als jede, die vorher war. Zu keiner Zeit noch war der Wunsch des Menschen nach Selbsterkenntnis so stark, und der Ort, an dem er seine Individualität am besten ausleben und verklären kann, ist das Haus, das dann jeder von uns nach seinem Willen und nach seinem Herzen sich bauen wird.«[6]

Schon Henrys großes Vorbild William Morris hatte, als er 1859 heiratete, sein Haus unter Mithilfe eines Freundes, des Architekten Philip Webb, selbst gebaut. Als Marias Mutter Louise dem Paar ein Grundstück in Uccle und Geld für den Bau schenkte, begann auch van de Velde unverzüglich mit der Umsetzung seiner Ideen. Ganz allein entwarf er alles außer Heizung und sanitären Anlagen: den Garten, das Haus, die Einrichtung. Ja, er dachte schon an den Entwurf von Kleidern für die Frau, die dieses Haus bewohnen sollte.

So entstand Haus Bloemenwerf: zweigeschossig, behütet von einem Walmdach mit drei ungleichen Giebeln zur Straße, die Fassaden ganz ohne den zeitüblichen Dekor von Gesimsen, Girlanden und Puten. Mittelpunkt des polygonal geschnittenen Hauses ist eine zweigeschossige Halle, von der eine Treppe zu einer Galerie hinaufführt. In der Halle stehen einige Sessel und der Blüthner-Flügel Marias. An den Wänden hängt neueste Avantgardekunst: das Portrait Marias von Théo van Rysselberghe, ein Bild Georges Seurats und eine Zeichnung Vincent van Goghs. Rechts vom Eingang liegt das Esszimmer, dahinter die Küche, an der Rückseite der Halle das große Atelier.

Das Esszimmer ist hell und freundlich. Der Tisch steht wie in flämischen Bauernhäusern in einer Ecke des Raums, seine Mitte ist zum Abstellen heißer Schüsseln mit etwas erhöhten Keramikplatten belegt. Um sie herum liegen vier schmale lange Sets in ausgefallenen kräftigen Farben aus bäuerlichen Stoffen an familiären, aus chinesischer Rohseide mit gestickten Seidenborten an festlichen Abenden. In der Kaminecke wird der Kaffee von den Gastgebern eigenhändig vor den Augen der Gäste zubereitet. Zutaten und Gefäße befinden sich in einem Schränkchen über der Feuerstelle.

Nur wenige Räume sind abgeschlossen, die meisten – wie van de Veldes bevorzugter Arbeitsplatz auf der Galerie über dem Eingang – öffnen sich zur Halle. Von hier hat er alles im Blick: das öffentliche Treiben der Straße und das private Leben der Familie. Hier ist versammelt, was ihm wichtig ist: eine Druckerpresse, ein Plakat von Henri de Toulouse-Lautrec an der Wand und ein abstraktes Gemälde von ihm selbst auf einer Staffelei dicht daneben.

Die Brüstungen der Galerie bestehen aus halbhohen, beidseitig verglasten Vitrinenschränken. Sie sind wie die Möbel aus hellem, poliertem Eschenholz, das zusammen mit der Dahlia-Tapete und den Stoffen in lebhaften Farben der Atmosphäre des Hauses eine heitere Note verleihen. Die Möbel verzichten wie die Fassaden auf ornamentalen Schmuck. Die Stühle etwa sind einfache Skelette aus schmalen

Hölzern mit breit ausgestellten Beinen und einer Sitzfläche aus Korbgeflecht. Sie wirken leicht, ungezwungen, erfrischend *handmade* in jenem romantisch-künstlerischen Sinn, der stets nach Einfachheit und Natürlichkeit strebt.

Nichts blieb im Haus Bloemenwerf dem Zufall überlassen. Die Kleider der Hausherrin waren auf die Farben des Esszimmers abgestimmt, sogar die Teller und Speisen wurden einer strengen Farbharmonie unterworfen, was allerdings nicht immer gelang. Henri de Toulouse-Lautrec, der regelmäßig in Brüssel ausstellte und einmal bei den van de Veldes zum Essen geladen war, bemerkte Disharmonien: Leider hätten sich nicht alle zufälligen Erscheinungen wie gelbe Eidotter und rote Bohnen auf violetten Platten vermeiden lassen, und die farbliche Abstimmung sei überhaupt auf Kosten der guten Küche gegangen. Im Grunde genommen seien nur das Bad, das Kinderzimmer und das WC in ihrer hygienisch weißen Gestaltung wirklich gelungen. Wenn man das Übrige sehe, bekomme man Lust nach dem primitiven Zelt Meneliks mit seinen Löwenhäuten und Straußenfedern.

Doch offensichtlich fühlte sich Toulouse-Lautrec vom Haus und seiner Einrichtung inspiriert, denn nach Paris zurückgekehrt, gestaltete er seine Wohnung um. Er verlegte einen aus Brüssel mitgebrachten Teppich neuen Stils, stellte ockergelbe Platten und grüne Töpfe auf und entwarf einen Tisch aus Eschenholz, der mit einer Kurbel versehen war. Mit Hilfe dieser Vorrichtung konnte die Tischplatte in der Höhe verschoben und an Toulouse-Lautrecs Zwergengröße angepasst werden. Die Wände des Esszimmers und des Salons ließ er in Ocker und Blau streichen und reihte an ihnen niedrige, mit gelbem Stoff bezogene Diwans mit vielen bunten Kissen auf.[7]

Als Maler hatte van de Velde wenig Ahnung von den Anforderungen, die der Bau eines Hauses stellte, und über das, was zur Einrichtung eines Haushalts gehörte, noch nie nachgedacht. »Ich trat den Problemen naiv gegenüber, und keine Lösung schien mir zu kühn oder zu ungewohnt.«[8] Zweifellos verdankt das Haus dem naiven Zugang des

Autodidakten einige kühne Merkwürdigkeiten wie die Abschrägung der Ecken, die im Inneren zu kleinen, dreieckigen, kaum nutzbaren Räumen führte, aber es verdankt ihm auch seine Stärke: die Individualität. Alles war offen und einsehbar, alles war auf seine und Marias Bedürfnisse abgestimmt und entsprach ihrer Vorstellung vom gemeinsamen Leben und Arbeiten. »Wir wollten unsere Arbeit und unser häusliches Leben so einrichten, daß es eine Freude sein sollte, mit allem, was vorging, in Berührung zu sein.«[9]

Wie sehr das Haus seinen Bewohnern entsprach, empfanden fast alle Besucher. »Mit einfachen Mitteln«, schrieb beispielsweise Fritz Schumacher, der spätere Oberbaudirektor von Hamburg, »war hier ein eigenwilliger, aber feiner Geschmack entfaltet, dessen Äußerungen restlos zu den Menschen paßten, die er umgab. Die herbe Schönheit der blonden Frau des Hauses neben dem nervös durchgearbeiteten Typus des Hausherrn zeigt dieselbe Mischung, die in seiner Kunst als jenes eigentümliche Nebeneinander von schlichter Herbheit und nervös empfundenem Raffinement hervortritt.«[10]

»Es ist recht nett bei den Leuten«, schrieb Eberhard Freiherr von Bodenhausen, »in ihrer vornehmen, höchst kultivierten Einfachheit, die ganze Schlösser mit ihrem Train und Kitsch schlägt. Das sind die modernen Menschen.«[11] Bodenhausen war Mitbegründer und Mitherausgeber des *Pan*, einer deutschen Kunst- und Literaturzeitschrift, in der van de Velde bald darauf die Gelegenheit bekam, über den besonderen Charakter seines Hauses sowie die Reaktion des Publikums zu berichten.

Das Haus, so van de Velde im *Pan*, liege gut sichtbar an einer langen Avenue. Seine großen Fenster böten den Passanten freizügige Einblicke ins Innere und was sie sähen, schockiere sie. Da es in der Nähe eines Friedhofs liege, kämen oft Trauerzüge vorbei, und fast immer verbreite sich bei den Vorbeidefilierenden eine wenig angebrachte, aber nahezu unstillbare Heiterkeit, sobald sie das Haus erblickten. »Und doch unterscheidet es sich von denen, die daneben stehen, lediglich dadurch, daß es sehr bescheiden, nur durchaus logisch gebaut ist und nicht den geringsten Schmuck aufweist.«[12]

Dieser Artikel machte das Haus in Deutschland bekannt. Viele kamen, um es samt seinen ungewöhnlichen Bewohnern zu besichtigen.

Rauchzimmer im Salon Art Nouveau, Paris 1895

VIER ZIMMER IN PARIS UND DRESDEN

Einer der ersten Besucher war Julius Meier-Graefe, wie Bodenhausen Mitbegründer und Mitherausgeber des *Pan*. Er kam, durch die Veröffentlichungen in der *Société Nouvelle* auf van de Velde aufmerksam geworden, schon im Juli 1895, als Haus Bloemenwerf noch im Bau war, und war von van de Velde und seinem Haus begeistert.

Meier-Graefe, Sohn eines bedeutenden schlesischen Eisenhüttenfachmanns und eigentlich zum Ingenieur bestimmt, hatte sich früh für die Kunst begeistert und kunsthistorischen Studien gewidmet. Er besaß charmante Umgangsformen und sprach sehr geläufig Französisch. »Seine Kleidung war korrekt«, so van de Velde, »aber mit jenem Schuß Nachlässigkeit, mit der junge Diplomaten gerne die vorschriftsmäßige Eleganz färben. Er war groß, glattrasiert, hatte eine schwarze Mähne, lebhafte, verschmitzte Augen, einen großzügig modellierten Kopf.«[1]

Auf Anregung Meier-Graefes kam bald ein weiterer Besucher: Siegfried Bing, der in Paris eine unter Sammlern bekannte Galerie für japanische Kunst führte. Er befand sich auf einer Rundreise durch verschiedene Länder des Kontinents, um sich über den Stand des europäischen Kunsthandwerks einen Überblick zu verschaffen. Er hatte, von einer Amerikareise zurückgekehrt und inspiriert vom Beispiel des Glaskünstlers Louis C. Tiffany, beschlossen, in Paris einen Kunstsalon namens *Art Nouveau* für die besten Erzeugnisse der neuen angewandten Kunst zu eröffnen.

Bing, dem van de Veldes Arbeiten gefielen, lud ihn nach Paris ein und zeigte ihm seine luxuriöse Privatwohnung. Van de Velde war beeindruckt: »An den mit amarantrotem Damast bespannten Wänden standen die Vitrinen, zwischen ihnen hingen Kakemonos und Holzschnitte, alles so erregend schön, daß ich mich wie verzaubert fühlte. Schwere seidene Vorhänge der gleichen Farbe verhüllten die Fenster. Eine raffinierte indirekte Deckenbeleuchtung verbreitete sanftes Licht, wenn Bing mit priesterlicher Gebärde eine Vitrine öffnete. Den Boden bedeckten kostbare, weiche chinesische Teppiche. Die wenigen Tische, Stühle und Schränke, die sich in den Räumen befanden, waren von höchster Qualität. Das Ganze wirkte streng und zugleich elegant.«[2]

Da Bing die neuen kunsthandwerklichen Objekte in seinem Salon nicht in Vitrinen oder auf Podesten, sondern im Wohnzusammenhang darstellen wollte, beauftragte er van de Velde mit der Gestaltung von vier vollständig eingerichteten Räumen: Vorzimmer, Wohnzimmer, Rauchzimmer und Speisezimmer. Es war ein großer und wichtiger Auftrag, der van de Velde die Möglichkeit eröffnete, sich in Paris bekannt zu machen. Es war aber auch der erste Auftrag für die Gestaltung von Räumen, deren Bewohner er nicht persönlich kannte, und er tat sich schwer: »Die Arbeit für unbekannte Kunden und für nicht existierende Räume war mir fremd.«[3]

Dennoch lieferte van de Velde rechtzeitig, und so konnten die neuen Räume am 26. Dezember 1895 dem Publikum vorgestellt werden. Im Speisezimmer, mannshoch getäfelt, standen Möbel aus Zedernholz, das durch Kupferintarsien belebt wurde. Der Kamin war mit grünen Kacheln verkleidet, die Wände über dem Simsbrett der Vertäfelung zierten Tapeten, die mit geschwungenen mattgrünen und rotbraunen Linien bedeckt waren, einer stilisierten Form der Dahlia-Tapete. Der breite Tisch besaß wie in Haus Bloemenwerf eine Einlage aus rotgemusterten Kacheln zum Abstellen heißer Schüsseln. Die Wände des Rauchzimmers waren ebenfalls getäfelt. Vor einer der Wände und untrennbar mit ihr verbunden stand ein mächtiges, mit blauem Stoff bezogenes Sofa, über ihm ein großer Spiegel. In die Täfelung eingelassen waren kleine, offene Fächer, in denen Gläser und Tongefäße wirkungsvoll postiert waren.

Die neuen Räume sorgten noch am Abend der Eröffnung für einen öffentlichen Skandal. Eine elegante Menge habe sich, so van de Velde, in den Sälen gedrängt und sich laut und feindselig entrüstet. Bosheiten und Verwünschungen seien zu hören gewesen. Unter den Besuchern habe sich auch der Schriftsteller Edmont de Goncourt befunden, der auf der Straße den Umstehenden erklärte, der lächerlichste aller Ausstellenden sei van de Velde, der seine Möbel nach den Gesetzen des Schiffsbaus entwerfe. Immer wieder habe er gerufen: »Das Delirium, das Delirium der Häßlichkeit.«

Auch der Tagebucheintrag zeigt Goncourts leidenschaftliche Entrüstung: »Frankreich wäre also verurteilt zu Formen, die gleichsam in einem Wettbewerb der Häßlichkeit preisgekrönt würden, verurteilt zu einem den Bullaugen eines Schiffes nachempfundenen Zuschnitt von Öffnungen, Fenstern und Anrichten, zu Rückenlehnen von Kanapees, Sesseln und Stühlen, die nach der rigiden Plattheit von Blechtafeln suchen und mit Stoffen bedeckt sind, auf denen Vögel in der Farbe von Gänseschiss über das Pissblau von Waschwasser fliegen, verurteilt zu Toilettentischen und anderen Möbeln, die eine Ähnlichkeit mit den Waschbecken eines Zahnarztes aus dem Umfeld eines Leichenschauhauses haben. Und der Pariser würde in einem solchen Esszimmer speisen, inmitten von Wandverkleidungen aus falschem Mahagoni, verziert mit Arabesken aus Goldstaub nahe beim Kamin, der den Aufwärmer spielt für die Handtücher einer Badeanstalt; und der Pariser würde in einem solchen Schlafzimmer zwischen zwei Stühlen schlafen, die den Geschmack erschüttern, in einem Bett, das eine auf einen Grabstein gelegte Matratze ist. Werden wir wirklich unsere nationale Identität verlieren, werden wir moralisch besiegt durch eine Eroberung, schlimmer als der Krieg?«[4]

Der frankophile van de Velde, der nur mit den Dienstboten flämisch, ansonsten französisch sprach, war von der extremen Reaktion der Pariser schockiert und schrieb die Schuld Bing zu. Das Unternehmen sei denkbar schlecht vorbereitet gewesen, außerdem habe Bing, ohne Unterschiede zu machen und Erklärungen beizufügen, angehäuft, was ihm während seiner Reisen an Novitäten aufgefallen sei. In der Hoffnung, gute Geschäfte zu machen, habe er mehr auf Neuheit als auf Qualität gesetzt und überhaupt die sittlichen Ziele und vernunftgemäßen Prinzipien, auf denen seine, van de Veldes, Arbeiten basierten, nie wirklich begriffen.[5]

Während die alte Kulturelite um Edmond de Goncourt protestierte, fühlte sich die jüngere Generation von den neuen kunsthandwerklichen Bestrebungen angesprochen. Zwar sei der »Treibhauscharakter der hyperkultivierten Absichtlichkeiten« deutlich zutage getreten, so etwa Fritz Schumacher, trotzdem habe er damals solche Regungen begrüßt, da sie ihm aus dem Herzen gesprochen hätten. »Sie zeigten gleichsam in demonstrativer Weise, daß das tektonische Schaffen durchaus nicht im Nachahmen zu versimpeln brauchte.«[6]

Auch der *Pan* berichtete von dem in kunstinteressierten Kreisen europaweit Aufsehen erregenden Ereignis. Das Pariser Unternehmen des Herrn Bing, so schrieb Eberhard von Bodenhausen, werde sehr abfällig beurteilt. Man halte die Einfachheit der Möbel für übertrieben und gesucht, für einen »neuen Kitzel für die durch Überfülle an Genüssen geschwächten Nerven – eine neue Mode – keine neue Kunst.«[7] Doch diese Kritik sei unsinnig, Bing vielmehr zu loben, denn er habe als Einziger erkannt, dass es an der Zeit sei, den eigenen Empfindungen einen eigenen Ausdruck zu geben. Auch wenn das Unternehmen *Art Nouveau* heiße, sei hier nicht die Sucht nach dem Neuen maßgebend gewesen, sondern die Suche nach schlichter Sachlichkeit und künstlerischer Einheitlichkeit. Diese Prinzipien müsse man sich auch in Deutschland zu eigen machen und die Einrichtung des eigenen Hauses nicht weiter dem schlechten Geschmack des Tapezierers überlassen.

Im Frühjahr 1897 wurden die skandalumwitterten Zimmer des Bingschen Salons auf der Kunstgewerbe-Ausstellung in Dresden gezeigt. Das Ensemble wurde ergänzt durch einen Ruheraum, der von einem freistehenden vierteiligen Sofa dominiert wurde, das die ganze Raummitte einnahm und mit gleichfarbigen Sofas in den Ecken korrespondierte. Der Bezug war mit großen gelben Blüten mit lang gezogenen hellblauen Blättern und braunorangenen Rändern auf gelbem Grund bedruckt. Blickfang des Ruheraums war ein Kamin mit einer mächtigen Haube aus hellbraunem Holz und gelblich-grauen Tonfliesen mit unregelmäßigen blauen Streifen. Über dem Kamin verlief ein Fries aus viereckigen Feldern, die von Holzleisten umrahmt wurden, deren senkrechte Elemente sich nach oben in einem Bogenschwung fortsetzten und ein Oberlicht aus farbigem Glas trugen.

Meier-Graefe – er hatte den *Pan* nach Auseinandersetzungen mit Bodenhausen verlassen – widmete der Ausstellung in der Zeitschrift *Dekorative Kunst* einen enthusiastischen Artikel. Er dankte den Ausstellungsmachern, dass sie van de Velde Gelegenheit zu der bisher gelungensten Manifestation seines Genies verschafft hätten. Insbesondere mit dem Ruheraum habe dieser einen dekorativen »Prachtausdruck« erreicht, der bisher in der modernen Bewegung allein dastehe. »Das Wohltuende dieses Schmuckes liegt, abgesehen von dem Reichtum seiner Muster, in seiner materiellen Gediegenheit. Er ist immer motiviert und auf denkbar natürlichste Weise erreicht; es ist sozusagen moralischer Luxus, der nichts, gar nichts mit der Prunksucht unserer Stuckdekorateure zu thun hat.«[8]

Das Lob für den Schöpfer des »moralischen Luxus« verband Meier-Graefe mit einer Beschimpfung des Publikums, dem er die Berechtigung zur Kritik rigoros absprach. »Die einen fanden den Hauptsaal nicht genügend gemütlich, die anderen meinten, sie möchten nicht darin wohnen. Das sind Tadel, die mehr den Tadelnden als dem Objekt ihrer Unzufriedenheit zu Last fallen.«[9] Der Kamin allerdings sei, das wolle er nicht leugnen, unnötig, da es sich um eine Sommerausstellung handle. Da er aber dem flämischen Wohnstil geschuldet sei, tue er der Leistung van de Veldes keinen Abbruch, dessen Einrichtung ansonsten durch Einfachheit und Beschränkung zu überzeugen wisse und einen Eindruck von Takt und Würde hinterlasse.

Von Lob wollte ein anderer Ausstellungsbesucher, der Dramatiker Gerhart Hauptmann, allerdings nichts wissen. Hauptmann gefielen in den van de Veldeschen Räumen nur die Farben, ansonsten fühlte er sich dort fremd. In solchen bis ins letzte Detail durchgestalteten Räumen sei der Mensch überflüssig, sie genügten sich selbst. Zudem seien sie so verfeinert, dass sie eher zu einer Pariser Kokotte passten als zu jemandem, der dem Kuchen Brot und dem Luxusetablissement eine »Männerwohnung mit Vergangenheit« vorziehe. Van de Veldes Zimmer seien leichtsinnig und oberflächlich, Erzeugnisse des zwar feinen, aber fremdartigen Geschmacks eines Malers, der als Einrichter von Wohnungen Schauspieler sei. »Er hat eine Laune, aber soll seine Laune den Häuslichen durch ein ganzes Leben hindurch beherrschen? Der Behauste soll das Haus bauen, von innen heraus.«[10]

Hauptmann forderte damit nur, was van de Velde beim Bau seines eigenen Hauses noch selbst als Losung ausgegeben, doch inzwischen relativiert hatte. Da die zur geschmackvollen Einrichtung benötigten Fähigkeiten bei den meisten Zeitgenossen verschüttet seien, bedürften sie so lange der Künstler als Mittelsmänner, bis sie diese wieder erlangt hätten. Vor allem die notwendige Einheitlichkeit der Gestaltung, durch die alles ein gemeinsames Streben bekunde, eine einzige seelische Wirkung hervorrufe, könne nur der Künstler leisten. Nur ihm gelinge es momentan, der jeweiligen Individualität zum Ausdruck zu verhelfen.

Gerhart Hauptmann aber war nicht gewillt, sich dem Diktat eines anderen zu unterwerfen. Er war selbst Künstler und richtete sich seine Etagenwohnung in der Trabener Straße in Berlin-Grunewald mit Hilfe des Jugendfreundes und Kunsttischlers Wilhelm Kimbel selbst ein. Was in den sechs Zimmern im Hochparterre dabei herauskam, war weniger heiter beschwingt als getragen und ernst. »Der ganze Stil seiner Wohnung, die er damals bis auf den letzten Nagel neu einrichtete«, so ein Besucher, »ist ernst, beinahe feierlich. In ihrer altdeutschen Art entspricht sie dem Grundzug seines Wesens.«[11]

Ein anderer Besucher schwärmte in der *Deutschen Warte* vor allem von der weihevollen Wirkung des Hauptmannschen Arbeitszimmers: »Mittelalterliche Romantik und kirchliche Feierlichkeit empfängt uns, hohe, geschnitzte Möbel von Eichenholz, Kamine, gewölbte und holzgetäfelte Decken lassen den Blick voll Verwunderung haften. Eine Statuette Peter Vischers, des berühmten Nürnberger Bildhauers und Erzgießers, die der Dichter mir mit besonderem Stolze präsentierte, gemahnt daran, daß Gerhart Hauptmann selbst jahrelang im Atelier meißelte und nur schwer den eigentlichen Beruf fand. Alles in diesen beiden Zimmern, die der Dichter nach eigenen Angaben hat einrichten lassen, ist kostbar und gediegen. Ich müßte die Schränke, Tische, Stühle, Lampen, die rings an drei Wänden des zweiten Zimmers sich hinziehenden, ein großes Ganze bildenden Bücherschränke bis ins Einzelne beschreiben, wollte ich den Kunstsinn, der sich hier betätigt hat, genügend würdigen. Ich habe in diesen Räumen mit dem Mann, der in ihnen still und abgeschlossen wohnt und von dem doch die ganze Welt mit lauter Bewunderung spricht, eine weihevolle Stunde erlebt.«[12]

Doch nur wenige kritisierten wie Gerhart Hauptmann van de Veldes Arbeiten der Dresdner Ausstellung. Insgesamt war die Resonanz des Publikums überraschend positiv. Die gleichen Möbel, die im traditionsbewussten Paris einen Sturm der Entrüstung entfacht hatten, fanden im kulturell aufgeschlossenen Deutschland wohlwollende Aufnahme.

Die Zeitschrift *Deutsche Kunst und Dekoration* sah in van de Veldes Arbeiten Beispiele eines eindeutig modernen Geschmacks, die mit der früheren Verzierungswut nichts mehr gemein hätten. Alles sei echt und gediegen: kein Holz gestrichen, keine Ornamente aus Pappe gepresst, keine Stuckformen aufgeklebt. Die Farbe habe den Platz des Ornaments eingenommen und schaffe, geschickt kontrastiert, eine sommerlich heitere, luftige Stimmung. »Mit künstlerischer Empfindung sind die Farben zu einander gestimmt; man sieht, dass hier ein Künstler gewaltet hat, der die koloristischen Gesetze mit freier Ueberlegenheit beherrscht.«[13] Zwar übe die starke Farbigkeit einen gewissen Stimmungszwang aus, der bis zum Nervenreiz gehen könne, doch da die Räume der gehobenen Lebensführung dienten, seien sie ohnehin nur zum vorübergehenden Aufenthalt gedacht.

Auch der *Pan* widmete van de Velde einen weiteren Artikel, wiederum verfasst von Eberhard von Bodenhausen, der sich während eines längeren Englandaufenthaltes mit dem dortigen Kunsthandwerk vertraut gemacht hatte. Van de Veldes Arbeiten für die Dresdner Ausstellung seien, so beginnt er in überraschender Volte, misslungen. Denn er habe hier Schauräume schaffen müssen, da auf einer Ausstellung Wohnräume gar nicht zur Geltung kämen. Wer sich dagegen einen gültigen Eindruck vom einheitlichen Geist van de Veldescher Räume verschaffen wolle, müsse versuchen, Einlass in jene Privathäuser in Brüssel zu erhalten – van de Velde hatte inzwischen auch das Haus seiner Schwiegermutter umgebaut –, die der glücklichen Hand dieses Künstlers ihre Entstehung verdankten.

Jeder Raum sei dort harmonisch und jedes Möbel zweckmäßig gestaltet, alles füge sich wie zu einem lebendigen Organismus. »Seine Linien sind einfach, ungebrochen; einer naturgemäßen, zweckentsprechenden Konstruktion wendet er sein Hauptaugenmerk zu. Die Linie, von der er im gegebenen Zimmer ausgeht, kommt zu ihrer vollen ungebundenen Entfaltung nur in der Tapete, im Stoff, im Messingornament. Im Möbel paßt sie sich streng dem aus dem Material und seinem Zweck diktierten Gesetz an und jeder Wunsch nach Originalität und Selbständigkeit beugt sich vor der Nützlichkeit und vor dem Verlangen eine größtmögliche Haltbarkeit des Stückes durch eine gesunde Konstruktion zu erzielen.«[14]

Was van de Velde am meisten vor den deutschen Künstlern auszeichne, sei der Wille, ein Ganzes zu schaffen, und die Fähigkeit zu logisch zweckmäßiger Gestaltung. Er sei der eigentliche Vollstrecker des Ruskinschen Gedankens, dass die Kunst das Leben in allen seinen Beziehungen durchdringen müsse, damit die harmonische Gestaltung der Räume sich wohltuend auf Seele und Geist der Bewohner auswirken könne. »Jeder, der künstlerisches Empfinden in sich trägt, weiß, in welchem Grade er von seinen vier Wänden abhängt; wie eine unharmonische Umgebung, die meist nichts anderes ist als der Ausdruck eines inferioren Tischler- und Tapezierergehirns, auf seine eigene Stimmung entkräftend wirkt; und wie andererseits die vollendete Harmonie des Äußeren eine gleiche Harmonie im Inneren hervorruft, so daß die Kunst in diesem Sinne nicht nur eine Erhöhung des Lebensgenusses, sondern auch des Lebenswertes in seiner Auffassung und seiner Bethätigung bedeutet.«[15]

Der Künstler, so schließt Bodenhausen, arbeite zur Zeit an einigen Einrichtungen für Berliner Privathäuser, die einmal mehr die plastische Umsetzung seiner künstlerischen Ziele zeigen würden. Eine dieser Einrichtungen für eine Wohnung in der Berliner Brückenallee am Rande des Tiergartens hatte Bodenhausen selbst bei van de Velde in Auftrag gegeben.

Alfred von Nostitz-Wallwitz in seinem Arbeitszimmer, Berlin 1900

KULTIVIERTES WOHNEN IN BERLIN

Eberhard von Bodenhausen, zu jener Zeit Geschäftsführer der Tropon AG, einer Nahrungsmittelfabrik in Köln-Mülheim, wusste bei der Einrichtung seiner Wohnung ziemlich genau, was er nicht wollte, denn sein künstlerisches Sensorium ließ ihn die »Barbaren-Kultur« seiner Zeit schmerzlich empfinden. Ein Tagebucheintrag vom November 1899 zeigt, wie sensibel er auf die Wirkung von Räumen und den Umgang mit Kunstobjekten reagierte: »Welche Barbaren-Kultur, in der wir leben, daß wir uns so mit heterogensten Kunstäußerungen umgeben und achtlos daran vorübergehen. Diese Madonna gehört ausschließlich in eine Grabkapelle und nicht in einen Salon, und wenn man Musik macht in einem Zimmer, so sollte man eigentlich alle Bilder verhängen. Aber mein Zimmer ist auch Barbarei. Was hat der Carrière mit Stauffer-Bern zu tun? Wie paßt überhaupt van de Velde zu Carrière? Schon hänge ich ihn fort. Hierher gehören Bilder ruhiger Kraft und Entschlossenheit, ich werde es mit dem Velazquez versuchen. Carrière sollte man überhaupt nur an stillen, verklingenden Sommerabenden sehen; es ist eine Barbarei, solche Empfindungen dem Tages-Verkehr preiszugeben.«[1]

Damit seine neuen Zimmer von jeglicher Form der Barbarei verschont blieben, versuchte Bodenhausen bei ihrer Entstehung aktiv mitzuwirken, was ihm wohl gelang, denn er nannte van de Velde einmal »angenehm traitable«, er gehe auf alles ein. Ein Foto seines Arbeitszimmers zeigt eine Variante der Dahlia-Tapete, ein in ein niedriges

Bücherregal eingebautes Sofa, davor einen gebogenen Schreibtisch mit Aufsatz und offenen Grafikfächern.

Auch Curt und Sophie Herrmann wollten wohl der »Barbaren-Kultur« etwas entgegensetzen, als sie im September 1897 die Einrichtung von Salon und Speisezimmer ihrer Berliner Wohnung in der Kaiserin-Augusta-Straße in van de Veldes Hände legten. Curt Herrmann, der sich 1893 in Berlin als Maler niedergelassen und in eine wohlhabende Familie eingeheiratet hatte, suchte nach einer anregenden Umgebung. »Mein Streben geht dahin, meine Umgebung, Wohnung und Atelier harmonisch künstlerisch zu gestalten, so daß ich selbst aus meiner täglichen Umgebung heraus künstlerisch angeregt werde.«[2]

Van de Velde übernahm den Auftrag, teilte den Herrmanns allerdings umgehend mit, dass er zwar die Möbel für 4000 Mark liefern könne, nicht aber die Wandverkleidung, die er für unbedingt erforderlich halte. Er könne sich seine Möbel nicht mit der vorhandenen abscheulichen Verkleidung vorstellen, und nur etwas Halbes zu machen, sei unter seiner und Curt Herrmanns Würde. Es gehe ihm – und hier wird der Kostenvoranschlag zum künstlerischen Plädoyer – beileibe nicht ums Geschäft, sondern darum, einen Raum in allen Punkten vollkommen zu gestalten. »Ich weiß, welche Fülle an Lebendigkeit, an Empfindungen und guten Gefühlen man spürt in einer Umgebung, in der nichts unsere Lebendigkeit, unsere Empfindungen oder unsere Gefühle verletzt. Das bringt Stärke und Glückseligkeit, und das wiederum erfüllt Sie mit einem Gefühl höchster Würde.«[3]

Die Herrmanns haben sich das Gefühl höchster Würde einiges kosten lassen. Für die Einrichtung der beiden Räume – die Möbel waren Varianten der Bloemenwerf-Möbel – zahlten sie die stattliche Summe von 6339 Mark. Zum Vergleich: Der durchschnittliche Jahreslohn eines Berliner Facharbeiters, etwa eines Maurers, lag vor 1914 bei etwa 1500 Mark.[4]

Im Oktober 1897 schließlich fuhr Harry Graf Kessler, wie Bodenhausen Teilhaber der Genossenschaft des *Pan* und aktiver Mitherausgeber, nach Brüssel, um Haus Bloemenwerf zu besichtigen. Kessler war der Sohn eines reichen deutschen Bankiers und einer irischen Adligen. In Paris geboren, dreisprachig aufgewachsen und in Ascot, Paris und Hamburg zur Schule gegangen, hatte er als Gardeoffizier – die Familie war in den 1880er Jahren in den Grafenstand erhoben worden – gedient und in Bonn und Leipzig Jura studiert. Kessler galt vielen, auch seinem Studienfreund Bodenhausen, in jeder Hinsicht als kommender Mann seiner Generation.

Kessler traf zwar den Hausherrn in Uccle nicht an, doch das Haus gefiel ihm auf den ersten Blick sehr: »Hübsches Haus. Reinlichkeit ist einer der Haupteindrücke, die der moderne Innendekorateur zu erwecken sucht, wie der des 17ten u 18ten Jh. Reichtum.«[5] Er lernte van de Velde erst ein paar Tage später persönlich kennen, und zwar in Berlin, wo sich dieser gemeinsam mit dem Bildhauer Constantin Meunier, der auf der Dresdner Ausstellung ebenfalls wohlwollendes Aufsehen erregt hatte, aufhielt. Kessler lud die beiden Künstler mehrmals zum Frühstück und präsentierte ihnen auch seine Kunstsammlung. Sie fand jedoch nur mäßiges Interesse, da sie keine Werke der in Brüssel und Paris in Avantgardekreisen tonangebenden Kunstströmungen enthielt – für Kessler Anlass genug, sich neu zu orientieren. Noch im Dezember besuchte er Paul Signac in dessen Pariser Atelier. Zuvor beauftragte er van de Velde mit der Komplettausstattung seiner neuen Berliner Wohnung in der Köthener Straße – unter einer Bedingung: Sie sollte um einiges kultivierter und eleganter werden als die Wohnung Bodenhausens.

Van de Velde war von Kessler fasziniert. Immer wieder betonte er brieflich den bleibenden Eindruck, den Stadt und Menschen, besonders Kessler, auf ihn gemacht hätten, und ließ nicht unerwähnt, was er glaubte, bei diesem als neues Credo künstlerischen Schaffens gefunden zu haben. »Das einzig Wichtige ist, einfache und reine Formen zu finden.«[6]

Kessler blieb die Wirkung, die er ausübte, nicht verborgen. Van de Velde habe ihn immer wieder aufgesucht und die kolossale Gesundheit erwähnt, die er in Deutschland empfinde, als sei diese Wirkung allein auf ihn, Kessler, zurückzuführen. Er habe sich daraufhin vorgenommen, in Zukunft »jeden Menschen einfach als einen Vorstellungskomplex anzusehen, in dem man, dadurch dass man diese oder jene neue Vorstellung in ihm erregt, die Wünsche oder Entschlüsse, die man braucht, hervorbringen kann.«[7]

Um van de Velde nach Berlin und stärker in seine Einflusssphäre zu ziehen, besprach Kessler Ende Januar 1898 mit Meier-Graefe die Möglichkeiten einer Übersiedelung. Diese biete sich förmlich an, da das Interesse an dessen Arbeiten und überhaupt am modernen Kunsthandwerk in der Reichshauptstadt stark gewachsen sei. Das Kunsthandwerk werde die Mode des Jahres.

Nur wenige Wochen später fuhr Kessler erneut nach Uccle, um Haus Bloemenwerf nun im Beisein seiner Bewohner zu besichtigen. Er war von allem, was er sah, angetan. Van de Veldes Frau sei, so Kessler in seinem Tagebuch, »eine schöne Blondine, die eine Art von präraphaelitischem Kostüm, meistens blau, mit viereckigem Ausschnitt trägt, das ihr sehr gut steht.«[8] Die Stimmung des Hauses sei hell und gesund. Bei Tisch seien keine Dienstboten im Zimmer, vielmehr werde das Essen durch ein Fenster aus der Küche, die unmittelbar an das Esszimmer grenze, hereingereicht. Die Frau nehme es, ohne aufzustehen aus den Händen des Dieners entgegen und reiche es herum. Das Frühstück nähmen die van de Veldes in der Küche ein, damit die Dienstboten auch diesen Raum ebenso rein und ordentlich hielten wie die Wohnräume. »Dieser helle, von blanken Töpfen und Schüsseln widerschimmernde Raum gibt diesem ersten Frühstück Etwas Frisches und zugleich Intimes; der Tag beginnt mit einem Bad in den natürlichsten, einfachsten Zuständen.«[9]

Nicht ganz so schlicht wurde Kesslers Wohnung in Berlin, deren Einrichtung bereits im Februar fertig war. Sie wirkte eher vornehm und entsprach damit mehr dem anspruchsvollen Auftraggeber, der starken Einfluss genommen hatte und selbst die Bucheinbände einheitlich gestaltet wissen wollte als dem missionarischen Künstler.

Halbhohe Paneele, eingebaute Regale und Schränke aus weißem Schleiflack mit Messingbeschlägen zogen sich, mit verglasten Einsätzen für Grafiken versehen, die Wände entlang. Nur wenige Ornamente waren zu sehen, und sie ordneten sich mit gemäßigtem Schwung dem Korpus der Möbel unter. Modernste Bilder bestimmten neben den fast zierlich wirkenden, weiß lackierten Möbeln mit violetten Bezügen die stimmungsvolle Atmosphäre der Räume. Über der Anrichte hing *Les Nymphes aux Jacinths* von Maurice Denis, beim Esstisch *Les Poseuses* von Seurat: drei entkleidete Grazien, deren knabenhafte Figuren, in Pose erstarrt, an die Jungfrauen der Parthenonfriese denken lassen.

Kesslers Wohnung wurde zum gesellschaftlichen Ereignis. Hier gab er jene legendären Gesellschaften, zu denen eingeladen zu werden viele hofften und nur wenige sich rühmen konnten. Alles war perfekt organisiert und van de Velde fast immer eingeladen, wobei Maria gelegentlich passend zu Kesslers Esszimmer in Violett gekleidet erschien, mit einem von Henry entworfenen Goldkamm im blonden Haar.

Unzählige Besucher kamen, um die Wohnung zu sehen. Selbst der alte Theodor Mommsen stieg eines Tages von Neugier getrieben die Treppe hinauf. Mommsen, als alter Liberaler an allem Neuen interessiert, »sah sich Alles, Bücher, Vandevelde, Seurat, Signac mit Kritik und Amüsement an. Ich war sehr gerührt, dass der alte Mann selbst zu mir gekommen war.«[10] Auch Baronin Spitzemberg, eine Dame des Hofes und nahe Freundin Bismarcks, kam und wunderte sich über die Lage der Wohnung in einem Hinterhof des wenig vornehmen, verkehrsreichen und dicht mit Geschäfts- und Mietshäusern bebauten Ostens. »Er wohnt 28. Köthener Straße«, so notierte sie in ihrem Tagebuch, »in 4–5 Löchern in einem Hinterhause!! Heute, da es kaum Tag wurde und Schneefall mit Regen wechselte, sah es dort so düster aus, daß all die Kunstschätze, die dort hängen und stehen, absolut nicht zur Geltung gelangten.«[11]

Die Wohnung sei, so van de Velde, von der Crême des geistigen Berlins sehr gelobt worden, nur Kesslers Bildergeschmack habe Kritik auf sich gezogen, besonders der Seurat. Das Bild habe auch ihm, wenn auch aus anderen Gründen, Kopfschmerzen bereitet, da es mit zwei auf drei Meter viel zu groß für das kleine Appartement gewesen sei. Er habe schließlich die Leinwand vom Keilrahmen gelöst, über zwei an der Wand befestigten Stangen aufgerollt und so nur einen Teil des Bildes gezeigt.

Kesslers Wohnung wurde van de Veldes bis dahin bestes Werk, und er wusste warum: »Nichts in der Wohnung in der Köthener Straße verriet eine Konzession an meinen Dämon.«[12] Sein »Dämon«, dem er sich nach dem ersten großen Erfolg von Haus Bloemenwerf mehr und mehr hingab, ließ ihn bei den neueren Arbeiten den Ausdruck der Linien bis zur äußersten Lebhaftigkeit, bis hin zur Schwelle eines neuen Barock treiben. Kesslers Einrichtung dagegen wies unter dem mäßigenden Einfluss des Auftraggebers keinerlei ornamentale Übertreibungen auf.

Aus Kesslers und Bodenhausens Kreis kam 1898 auch van de Veldes nächster großer Auftrag: eine komplette Wohnungseinrichtung für ihren Studienfreund Alfred von Nostitz-Wallwitz. Es entstanden Arbeitszimmer, Schlafzimmer, Speisezimmer, Salon und Damenzimmer, alles in massivem Mahagoni. Auch Nostitz kaufte nun neoimpressionistische Bilder, die van de Velde für eine kultivierte, moderne Wohnausstattung für unabdingbar hielt und allen seinen Auftraggebern nahelegte.

Doch da der mäßigende Einfluss Kesslers fehlte, geriet die Einrichtung deutlich ornamentaler. So wird das Arbeitszimmer beherrscht von einem großen, gebogenen Schreibtisch mit seitlichen Schubladenschränken und offenen Ablagen, der mitten im Raum steht. Über ihm verzweigt sich schwungvoll eine vierstrahlige Blütenlampe. Das Schlafzimmer beherbergt einen mächtigen zweigeteilten Kleiderschrank mit schmalen Seitenteilen, dessen oberer Bereich verglast und mit kleinteiligen Sprossen schwungvoll verziert ist. Das Bett gleicht einem kastenförmigen Schlitten, der auf den vier Enden seiner zwei Kufen steht.

Der Nachttisch, ebenfalls kastenförmig, besteht aus einem kleinen Schränkchen, das hoch aufgebockt auf gegenläufig geschwungenen Holzbeinen steht.

Zu den ersten Gästen der Wohnung gehörte die junge Helene von Beneckendorff und von Hindenburg. Sie sei sehr gespannt gewesen, so schrieb sie im Rückblick, welchen Eindruck die von vielen als verrückt empfundene Einrichtung auf sie, die noch mit mächtigen Empiremöbeln, roten Damaststoffen und Kopien italienischer Meisterwerke an den Wänden lebte, machen würde. Der erste Blick nahm sie gleich gefangen: »Als wir eintraten, blickte ich nun sogleich auf ruhige Flächen und edle, zurückhaltende Formen. Ich fühlte, das war eine Welt, nach der ich mich sehnte, zu der ich gehörte. Jede Blume, jedes Bild kamen hier zu ihrem Recht. Auf den dunkelblauen Teppichen standen die Möbel wie Monumente (...) Das sinnlose Anhäufen von Gegenständen, die keine Beziehung zueinander hatten, gab es hier nicht. Noch nie habe ich einen Fliederbusch in einer japanischen Vase vor einem alten goldenen Wandschirm so leuchten sehen. Darauf betrat man die Bibliothek mit dem Kupferstichschrank, mit dem Schreibtisch, der in ausholender Schwingung den Schreibenden gastlich einlud, sich in seine abgeschlossene Welt zu begeben (...) Dann gelangten wir ins Eßzimmer; auf dem Tisch standen Dahlien vor einer hellgelben Wand und vor mattlila und gelb irisierenden Vorhängen. Über den lila Samtstühlen mit weißen Lehnen leuchteten Signacs ›Mont Saint Michel‹ und Rysselberghes blaues Meerbild wie Edelsteine.«[13]

Nur wenige Jahre später wurde sie Alfred von Nostitz' Frau und eine Stütze der neuen künstlerischen Bestrebungen. Nie sollte es ihr wie Oscar Wilde schwerfallen, auf der Höhe ihres blauen Porzellans zu leben.

Lesezimmer der Kunsthandlung Bruno und Paul Cassirer, Berlin 1898

INTIME RÄUME FÜR DIE KUNST

Als Julius Meier-Graefe 1898 durch den Tod seines Vaters zu Vermögen gelangte, ließ auch er seine Pariser Wohnung von van de Velde gestalten. Sie wurde bekannt durch die Fotografie, auf welcher der stattliche Hausherr entspannt hinter dem ebenfalls stattlichen, gebogenen Schreibtisch sitzt, während seine Frau sich dekorativ auf das halbhohe Bücherregal der rückwärtigen Wand lehnt, rechts von beiden auf einem Sockel der *Knieende* von Georges Minne.

Im gleichen Jahr gründete Meier-Graefe in der Rue des Petits-Champs den Salon *Maison Moderne*, in dem der Kunstfreund alles finden sollte, was ihn zu einem modernen Menschen machen konnte: Skulpturen, Bronzen, Porzellan, Gläser, Lederarbeiten, Schmuck, Spitzen und Silber. Die Geschäftsräume, ein Gegenprogramm zu Bings *Art Nouveau*, wurden ebenfalls von van de Velde gestaltet.

Ein vornehmes M profiliert die Fassade des Eingangs, eine geschwungene Holzkonstruktion mit matt himbeerfarbener Glasfüllung akzentuiert den Durchgang zum Hauptverkaufsraum. Schwungvolle Etageren ziehen sich durch die niedrigen Räume, die Decke ist mit Messingleisten gegliedert, an denen Glühbirnen befestigt sind. An den Wänden finden sich eine vereinfachte Variante der Dahlia-Tapete und modernste Kunst, in einer Ecke auf einem hohen Sockel wiederum der *Knieende* von Georges Minne.

Das künstlerische Niveau des Salons sollte höher sein als in Bings *Art Nouveau*, doch schon nach wenigen Jahren mussten anspruchsvolle

Besucher bedauernd feststellen, dass sich in Meier-Graefes Laden fast nur noch Schund fand. »Dabei ist er«, so Kessler, »aus Kampflust gegen den Schund Händler geworden. Aber das Händlertum hat ihm seine Gesetze aufgezwungen. Um den Laden materiell zu halten, war er gezwungen, zuerst auch Schund und jetzt schon fast nur noch Schund zu verkaufen.«[1]

Im *Maison Moderne* lernte Meier-Graefe im Frühjahr 1900 den jungen Dichter Hugo von Hofmannsthal kennen, den er sofort für sich einzunehmen wusste. »Er ist«, so berichtete Hofmannsthal nach Wien, »ein sehr persönlicher, elastischer, sehr freundlicher Mensch und scheint eine glückliche Mischung von Amateur und Kaufmann. Er redet über ein Waschgeschirr ebenso vernünftig wie über einen Gobelin.«[2] Hofmannsthal war von Meier-Graefes Bestrebungen so angetan, dass er daran dachte, in Wien eine Filiale zu gründen, um auch den Wienern schöne Trinkgläser, Türklinken und Kacheln zu bringen. Denn hier in Paris glaubte er zu sehen, wie armselig und unraffiniert alles sei, was es in Wien zu kaufen gebe.

Die Zweigstelle kam allerdings nie zustande, und auch dem Pariser Geschäft war trotz oder wegen des Schundangebots kein nachhaltiger kaufmännischer Erfolg beschieden. Meier-Graefe verkaufte es 1904 unter Verlust des eingesetzten Kapitals. Den Misserfolg trug er mit Humor: »Um die Schulden zu bezahlen, mußte ich mich nicht nur von der Maison Moderne, sondern auch von meiner kleinen Sammlung von Bildern trennen und stand, als alles erledigt war, frei von jedem belastenden Reichtum da.«[3]

Weniger amüsiert kommentierte van de Velde den Vorgang. Er bedauerte, seine Arbeiten nicht mehr in Paris ausstellen zu können, und warf Meier-Graefe vor, er habe es letztlich an Beharrlichkeit fehlen lassen und sich seinem anspruchsvollen Ziel nicht mit der nötigen Energie gewidmet. Meier-Graefe gab zwar zu, dass die gewerbliche Seite des Unternehmens ihn bald sehr gelangweilt habe, doch der Misserfolg sei mehr auf den Ort und die Zeit als auf seine Person zurückzuführen. Das altmodische Paris habe sich als stärker erwiesen als der moderne Stil.

Auch wenn er als Geschäftsmann nicht reüssierte, war Meier-Graefe doch in kurzer Zeit zum gefragten Spezialisten auf dem Gebiet des modernen Kunsthandwerks aufgestiegen. Sein suggestiver Ton und seine leidenschaftliche Parteinahme für die moderne Kunst in allen ihren Erscheinungsformen, der auch ein einfacher Aschenbecher zum Gegenstand höchster Aufmerksamkeit werden konnte, wurden vom Publikum der Kunstjournale geschätzt. Das Urteil der Kollegen aber blieb verhalten. »Über alles, was die Besten der Zeit im Kunstbereich bewegte«, so der Kunstkritiker Karl Scheffler, »schrieb er leicht, schnell, pointiert, sehr avanciert in der Stellungnahme und mit einem sicheren Instinkt für das Echte, für das Bleibende im Neuen. Hemmungen kannte er nicht. Sein Elan war stärker als seine Ausdauer; er war im übertragenen Sinne das, was man im Radsport einen Flieger nennt. Vielerlei hatte er schon begonnen und wieder fahren lassen; er hatte gute Ideen und verstand sie zu verwirklichen, trat von der Leitung dann aber bald zurück, um die Ausführung Geduldigeren zu überlassen.«[4]

Zu diesen gehörten Bruno und Paul Cassirer, die in der Viktoriastraße, auf der vornehmen Seite des Tiergartens, einen Kunstsalon eröffnet und van de Velde 1898 mit der Ausstattung eines Lesezimmers beauftragt hatten. Der Raum erhielt eine Wandvertäfelung mit eingelassenen Grafiken, ein eingebautes Regal mit geschwungenen Seitenteilen, einen in der Mitte stehenden großen rechteckigen Tisch mit fünf Lederarmstühlen – alles aus rotem Padoukholz. Grün waren dagegen der Kamin, die Wände oberhalb der Vertäfelung, der Teppich, die Lederflächen der Stühle und des Tisches. Eine bleiverglaste Tür und eine blütenkranzförmige elektrische Deckenlampe vervollständigten das stimmungsvolle Ambiente, das mehr dem behaglichen Wohn- und Lesezimmer eines reichen, kultivierten Mannes glich als einem banalen Verkaufsraum.

Mit diesem Lesezimmer habe van de Velde, so der junge Rainer Maria Rilke, ein eifriger Besucher der Berliner Kunstausstellungen, einen intimen Raum geschaffen. »Und es ist nichts Lautes in dieser Stube; alles will Hintergrund einer guten ruhigen Stunde sein, und nur über dem goldenen Ofengitter lächelt ein Glanz. Wenn man an dem langen Lesetisch lehnt, über das Böcklinwerk geneigt oder einen Band Goncourt in den Händen, empfindet man, wunschlos, das Wohltun dieses wohnlichen Ortes und nimmt es an, ohne hinzudenken und fast ohne Dank.«[5]

Wenige Monate später richtete van de Velde für einen weiteren Treffpunkt der Avantgarde, die Kunsthandlung Keller & Reiner in der Potsdamer Straße, einen Empfangsraum ein. Auch ihn lobte der junge Dichter, der in den Galerieräumen hin und wieder aus seinem Werk las, geradezu überschwenglich. Eine Befreiung habe sich vollzogen, und bald würden es alle wissen. Die Leibeigenschaft der Dinge sei aufgehoben. Van de Velde, der wahrheitsliebende und ernste Apostel der Schönheit, verhelfe den Dingen zu sich selbst: Holz dürfe Holz sein und Eisen Eisen. Alles sei leicht und ruhig und gesund. Alle Bewegung sei ein rhythmischer Ausgleich von Last und Kraft. Jede Linie lebe sich aus, jede Verzierung wirke organisch, wie von innen heraus, und verrate etwas von ihrer tieferen seelischen Schönheit. Nirgends werde Kraft verschwendet, nirgends gehe sie verloren. »Die Farbe macht alle Dinge verwandt und gibt dem Raum eine einheitliche Selbstverständlichkeit; man vergißt fast die Einzelheiten zu betrachten, so sehr dienen sie alle einträchtig dem Ganzen.«[6]

Als van de Velde im Mai 1900 dem jungen Bankierssohn Karl Ernst Osthaus begegnete, ergab sich die nächste Gelegenheit, einheitlich gestaltete Kunsträume zu schaffen. Denn Osthaus, der gerade dabei war, in seiner Heimatstadt Hagen in Westfalen ein Museum zu bauen, war von van de Velde so beeindruckt, dass er ihn, obwohl der Bau des Berliner Baurats Gérard, ein schwerer, klobiger Entwurf, schon halb fertig stand, mit dem weiteren Ausbau betraute. »Ich habe in van de Velde«, so Osthaus an seine Frau, »einen Mann gefunden, dessen Bedeutung das überragt, was ich mir vorgestellt habe. Er ist Schwärmer und weltklug zugleich, ein Mann von hohem Geist und reichem Gemüt, weltumspannend und rührend einfach und schlicht. Ich habe ihm in meinem Sinne schon die ganze Ausstattung gegeben.«[7]

Karl Ernst Osthaus, van de Velde zufolge groß, blond, mager und glatt rasiert, mit Augen von stechendem Blau und sicherem Auftreten, fühlte sich als Erbe des Millionenvermögens seiner Großeltern schon früh zu gemeinnützigem Handeln verpflichtet. Er wollte seiner Heimatstadt, die ihm von liberalistischem Unternehmertum und nackter Gewinnsucht sichtbar gezeichnet schien, ein Stück Kultur bringen, um »den abwärts rollenden Rädern irgendwie in die Speichen zu fallen«.[8]

Auf van de Velde machte Hagen, als er den Rohbau besichtigte, einen hässlichen Eindruck. Alles liege unter einer dicken Schicht Kohlenstaub. Auch der Plan des Architekten Gérard überzeugte ihn nicht. Eigentlich wollte er sich weigern, eine verfahrene Sache weiterzuführen, doch konnte er nicht anders, als »einem enthusiastischen Neuling zu helfen, der seine künstlerischen Ziele gegen die Meinung seiner Mitbürger verfolgte.«[9]

Unter seinem Einfluss änderte sich nicht nur der weitere Ausbau, sondern auch die inhaltliche Ausrichtung des Museums. Die Schmetterlings- und Käfersammlung wurde ins Souterrain verbannt, die ethnologische Sammlung ins Erdgeschoss. Die oberen Geschosse blieben nun allein der Gemäldesammlung vorbehalten, die sich bald auf Empfehlung van de Veldes ausschließlich aus modernsten Werken zusammensetzte: Bilder von Georges Seurat, Paul Signac, Constantin Meunier und Auguste Rodin. »Seit unserer Begegnung«, so van de Velde befriedigt, »hatte sich eine vollständige Wandlung in Osthaus' Geschmack vollzogen«.[10]

Der Gemäldesaal wurde denn auch der prächtigste Raum des Hauses. Überall Hohlkehlen, ausladende Stuckfriese, marmorne Heizkörperverkleidungen, darüber Spiegel, flankiert von je zwei auf Sockeln aus graugrünem Marmor ruhenden Rundschränken aus Glas und Kupfer, darüber ein reich ornamentiertes Oberlicht. Kein Fenster, so beschrieb Bodenhausen die Wirkung des Saals, verbinde den Raum mit der Außenwelt. Nur von oben falle durch mattes Glas Licht, das den ganzen Raum gleichmäßig mit seinem Schein erfülle. »Wir sind abgeschlossen von der Außenwelt. Und doch ist es eine beglückende Freiheit, die uns hier umfängt, ein Gefühl der Leichtigkeit, des Entrücktseins von aller Erdenschwere, das uns hinauszuheben scheint weit aus aller Enge des geschlossenen Raumes hinaus.«[11]

Ganz anders wirkte der Gemäldesaal auf das weniger elegische Gemüt Alfred Lichtwarks, des Direktors der Hamburger Kunsthalle. Der Saal sei »nicht groß, ziemlich hoch und erhält plattes Oberlicht über hohen Voûten. Die vier Ecken sind abgeschrägt. Hier liegen die Heizkörper. Sie sind durch breite, zu zwei Drittel der Wandhöhe aufsteigende und breit auf die Nachbarwände übergreifende Kamine aus grauem Marmor verkleidet. Ängstlich und bedrückend anzusehen, *tant de bruit pour une omelette*, denn die Heizöffnungen sind nicht so groß wie ein Taschentuch. Wie viel Wand ist geopfert.«[12]

Nicht weniger einheitlich als der Gemäldesaal geriet das Musikzimmer, in dessen vier Ecken sich üppig gepolsterte Sofas mit integrierten Bücherregalen finden, dazwischen je eine Tür, die von einem Gemäldefries umgeben ist. Und auch das Musikzimmer begeisterte Bodenhausen. Die den ganzen Raum beherrschende horizontale, auf- und abschwingende Kurve gestalte den Raum »zu einer völlig geschlossenen Einheit und gibt doch andererseits durch ihre verhaltene Spannkraft und durch ihre ruhelose über die Ecken hinaus die Weite suchende Kurvatur diesem Raum eine Ausdehnung, die weit über dessen tatsächliche Grössen-Verhältnisse hinausweist. Diese raumüberfliegende Wirkung nimmt in unserem Gefühl die Färbung der Sehnsucht an.«[13]

BERLINER MODESACHEN

Trotz ihres ausgezeichneten Rufs und des anwachsenden Auftragsvolumens machte die *Société van de Velde*, die Bodenhausen im Mai 1897 mit den Darlehen von Freunden und Bekannten zur Unterstützung van de Veldes gegründet hatte, Verluste. Die Geldgeber glichen diese im Dezember 1898 zwar aus und gründeten die *Henry van de Velde GmbH* mit Sitz in Berlin, doch wenige Monate später wurden weitere Darlehen erforderlich. Als die GmbH im Juli 1900 endgültig zahlungsunfähig war, erlitt van de Velde einen Nervenzusammenbruch. »Er hat«, so Kessler, »vor drei Wochen beim Empfang von schlechten Geschäftsnachrichten einen Nervenschlag gehabt, der ihn im Gehen noch lähmt. Er sieht im Gesicht recht eingefallen aus.«[1]

Während sich van de Velde auf Pretzfeld, dem Schloss der Familie Herrmann, erholte, verhandelte Bodenhausen mit Wilhelm Hirschwald, dem Besitzer des Hohenzollern-Kunstgewerbehauses in Berlin, über den Verkauf der Gesellschaft. Van de Velde versuchte zwar, sich den Verhandlungen zu entziehen, wohl in der Hoffnung, von den Freunden und Bekannten weitere Darlehen zu erhalten, doch Anfang September kam der Verkauf schließlich zustande.

Hirschwald bot van de Velde einen Anstellungsvertrag und Räume für die ständige Präsentation seiner Arbeiten, übernahm das Lager sowie die Abwicklung der laufenden Aufträge. Bodenhausen riet van de Velde, das Angebot anzunehmen und nach Berlin zu ziehen, damit er

Herrensalon des Hof-Friseurs François Haby, Berlin 1901

e Seite).

sich endlich frei von kommerziellen Sorgen ganz seiner künstlerischen Arbeit widmen könne.

In diesen kritischen Tagen besuchten Bodenhausen und van de Velde gemeinsam mit Kessler das gerade fertiggestellte Pergamon-Museum, das die bedeutenden griechischen Ausgrabungsfunde der Berliner Museen sowie die Friesplatten des Pergamonaltars zeigte. Kessler, der im Jahr zuvor Griechenland bereist hatte, betätigte sich dabei als kundiger Cicerone. Er hoffte, dass die Begegnung mit der klassischen Kunst van de Velde von seinem gefährlichen Weg abbringen könnte, denn mit Sorge hatte er beobachtet, dass dieser sich immer wieder von zufälligen Alltagserscheinungen mehr leiten ließ als von den großen Vorbildern der Bau- und Kunstgeschichte. Erst neulich habe er ihm begeistert von den großen Schokoladenmaschinen erzählt, die in der Leipziger Straße in einem Schaufenster stünden. Aus diesen quelle die Schokolade halbflüssig heraus und bringe Linien hervor, die er unbedingt zeichnen müsse.[2]

Kessler war mit dem Ergebnis seines pädagogischen Versuchs offensichtlich zufrieden. Van de Velde sei, so schreibt er im Tagebuch, von der Begegnung mit dem Griechischen, das sich ihm im Museum offenbart habe, überwältigt gewesen. Er habe gefühlt, »dass sie das geschaffen hätten, wonach er strebe; nicht, dass er ihre Formen und Formeln je nachahmen würde; aber der Geist, die Wirkungsweise wäre die, die er suche.«[3]

Noch im gleichen Jahr zog van de Velde nach Berlin, wo Bodenhausen ihm für den Winter die eigene Wohnung in der Brückenallee zur kurzfristigen Miete überließ. So konnte van de Velde in selbstgestalteten Räumen seine Gäste empfangen und das Berliner Terrain sondieren. Er kam nach Deutschland mit großen Hoffnungen und Erwartungen, denn er hatte bei seinen zahlreichen Aufenthalten bald erkannt, dass ihm kein anderes Land auch nur Ähnliches bieten konnte.

Deutschland galt van de Velde wie vielen seiner Zeitgenossen als das amerikanischste Land Europas, offen für alles Neue, offener etwa als Frankreich, das gerade eine konservative Kulturwende erlebte. Eine geistige Erregung habe in Deutschland geherrscht, es sei eine »brausende Epoche« gewesen. »Zu Beginn des 20. Jahrhunderts«, so van de Velde, »wehte in Berlin ein Wind, der den Nebel vertrieb, der in den westlichen Ländern über einer beschränkten, dünkelhaften und veralteten Kultur lag.«[4]

Die in Berlin bereits zu besichtigende neue Kultur umfasste breite Straßen und weite Plätze, Elektrifizierung, Schnellbahnen, Kaufhäuser mit Glasfassaden, Krankenhäuser, Telegrafenleitungen, Trinkwasserversorgung und Zentralheizung, moderne Möbel und Kleider. Doch zeigte der Fortschritt auch bereits seine Kehrseite. Berlin, dessen Einwohnerzahl sich von 1815 bis 1910 auf zwei Millionen verzehnfacht hatte, galt mit seinem dichten Verkehr und rasanten Tempo, seiner umtriebigen Geschäftigkeit und industriellen Expansion als »Hauptstadt aller modernen Hässlichkeit«.[5]

Das Arbeiten im Akkord und die neuen technischen Erfindungen führten zu einem enormen Wirtschaftsaufschwung. Immer mehr Menschen, von mehreren Industrialisierungswellen vom Land in die Stadt geschwemmt, drängten sich in dunklen, hohen Mietskasernen. Über Berlin lag eine Glocke aus Rauch, Dampf und Lärm. Die Silhouette der Stadt war geprägt von Fabrikschloten, in den Straßenschluchten drängten sich Menschenmassen, überall wurde gebaut. »Das Baufieber raste in den Adern der Stadt. Überall sah man Straßen aufgerissen, Spundwände eingetrieben, Bauzäune kilometerweise errichtet und Notstege angelegt, über die der Verkehr weiterging. Das häufigste Lastfahrzeug im Straßenverkehr war der Mörtelwagen.«[6]

Das hektische Treiben in den Hauptverkehrsstraßen wie Leipziger- und Friedrichstraße sei, so Baronin Spitzemberg, förmlich betäubend gewesen: »Die elektrischen Wagen und die Trams bilden eine ununterbrochene Linie, Wagen aller Art, Droschken, Drei- und Zweiräder zu Hunderten fahren neben-, vor-, hinter- und oft aufeinander, das Läuten aller dieser Vehikel, das Rasseln der Räder ist ohrzerreißend, der Übergang der Straßen ein Kunststück für den Großstädter, eine Pein für den Provinzler. Behauptete doch Frau von Beulwitz, sie hätten sich anfangs gerührt umarmt, wenn sie nach solchem Übergange des Potsdamer Platzes sich gesund auf der Insel wiederfanden!«[7]

Hier, im dynamischen Berlin, fühlte sich van de Velde am richtigen Platz. Hoffnungsvoll sah er in die Zukunft, denn das Jahr 1901 brachte ihm neue große Aufträge. Er richtete die Verkaufsräume Hirschwalds in der Leipziger Straße ein, gestaltete die Eingangsfront neu mit Glas und violett gestrichenen Holzelementen, den Eingangsbereich mit offenen Rundbögen, die Treppen mit wellenartig geformten Geländern. Im dritten Stock entstand eine komplett eingerichtete kleine Wohnung: ein Vorraum mit weißem Stuck und blitzenden Messingreliefs, ein Arbeitszimmer mit gebogenem Schreibtisch, der, wie es dem Kunstkritiker Max Osborn schien, so geformt war, dass der fast nicht mehr daran, sondern darin Sitzende gleichsam von der Arbeit gefangen genommen werde und fleißig sein müsse. Ein Speisezimmer mit zierlichen, »appetitlich-sauberen« weißen Möbeln und ein Schlafzimmer vervollständigten das Ensemble.[8]

In dieser kleinen Wohnung herrsche, so Osborn, der vornehmste Geschmack. »Die Möbelstücke, aus wundervollem Okame-Holz (Neu-Guinea) gefertigt, sind an Zweckmäßigkeit und Korrektheit der Ausführung schlechthin unübertrefflich und in ihren vollen schönen Formen, mit den fliessenden Rhythmen des bescheidenen Linienschmucks, mit den virtuos gegliederten grossen Flächen ein Labsal für das Auge.«[9]

Auch Karl Scheffler war begeistert. Man könne jetzt in Hirschwalds Kunstgewerbehaus ein Stück Kulturgeschichte erleben. Van de Velde sei sinnlicher geworden, harmonischer, er habe seine Begabung beherrschen gelernt. Allerdings bestehe die Gefahr, dass es seiner Kunst beschieden sein könnte, eine sozusagen exklusive Modesache zu werden, und dass er von seiner Mission, der vernunftgemäßen Erneuerung des Kunstgewerbes, abgelenkt werde.[10] Diese Gefahren drohten jedem, der in Berlin sein Glück versuche. Berlin sei schon immer allem Fremden vorurteilslos entgegengekommen und habe die Novitäten und Talente des Westens und der Provinz aufgesogen – und sie ebenso schnell wieder verworfen. Vieles sei hier schon zur Sensation, dann zur Mode geraten und schließlich beiseite gelegt worden.[11]

Doch van de Veldes Ruhm war von Dauer, und er tat alles, damit dies so blieb. Hatte er einen Auftrag erledigt, wurde mit schön gedruckten Karten die Berliner Presse zur Eröffnung geladen und die neueste Schöpfung vorgeführt, etwa der Frisiersalon François Habys, der vor allem von den gehobenen Kreisen des Militärs und des Adels frequentiert wurde. Denn Haby, auf seinem Gebiet mindestens ebenso stilbildend wie van de Velde auf dem seinen, hatte den gezwirbelten Schnurrbart namens »Donnerwetter tadellos« erfunden, dem Wilhelm II. zum Erfolg verhalf und der mit Schurrbartwichse und Bartbinde in Form gebracht wurde. Haby musste jeden Morgen um sieben Uhr im Schloss erscheinen und den Kaiser auf seinen Staatsbesuchen begleiten, um den Bart zu trimmen.

Der Auftrag des Modefriseurs Haby an den Modearchitekten van de Velde erwies sich als geschickter Werbeschachzug. Der Salon mit den zwölf Herren- und den sieben Damenplätzen wurde 1901 zur Sensation des Jahres, denn van de Velde hatte die sonst schamhaft versteckten Rohre für Gas und Wasser demonstrativ sichtbar gelassen und sie im Kontrast zum rötlich-dunklen Mahagoni der Sessel und dem grünen Marmor der Waschbecken dekorativ in blitzendem Messing ausgeführt.

Während Max Liebermann, ein prominenter Kunde des Salons, verlauten ließ, ihm gefalle das nackte Metall nicht, schließlich trage auch keiner seine Gedärme wie eine Uhrkette auf seiner Weste, war Karl Scheffler von der, wie ihm schien, zugleich vernünftigen wie eleganten Gestaltung angetan. Er empfahl den maßgebenden Persönlichkeiten, sich bisweilen bei Haby den Kopf waschen zu lassen, damit ihnen vielleicht in der anregenden Atmosphäre die eine oder andere

Erleuchtung komme. »Für jemanden, der jahrelang schaudernd die furchtbaren Barbierstuben mit ihrer Wartesaalatmosphäre erlebt hat, ist es ein ganz eigenes, behagliches Luxusgefühl, zu sehen, wie hier aus den an sich unästhetischen Bedürfnissen eine ästhetische Stimmung hervorgebracht ist. Man möchte wünschen, daß aus jeder Not – und das Rasieren ist eine Not – so sehr eine künstlerische Tugend gemacht würde.«[12]

Doch für Alfred Lichtwark wies der Salon Haby einmal mehr ein Zuviel an ästhetischer Stimmung auf. Wie üblich vernachlässige van de Velde über Gebühr das Bequeme und Notwendige zugunsten der Wirkung und käme ihm vor wie ein Dichter, der nicht einfach neue Gedichte schreiben, sondern gleich eine neue Sprache erfinden wolle. Besonders van de Veldes Rasierstuhl schien Lichtwark geradezu symptomatisch für dessen unpraktische Neuerungssucht. Statt verstellbarer Stützen für die Füße und den Rücken, wie es seit langem der Brauch sei, gebe er »einen gewöhnlichen Lehnstuhl mit schräger Rückenlehne, die da, wo der Kopf liegen soll, einen Ausschnitt hat. Zu verstellen geht nichts. Für wen ist solch ein Stuhl?«[13] Vielleicht passe ja van de Velde hinein, ein kleiner Kerl von nicht einmal fünf Fuß, er jedenfalls nicht.

Der umstrittene Frisiersalon steigerte zwar van de Veldes Bekanntheit in Berlin, ließ ihn aber auch zur Zielscheibe professioneller Satire werden. Zur Eröffnung des ersten deutschen Kabaretts, des *Überbrettls*, schrieb Hans Brennert 1901 das *Überlied*, das, wie der Name des Etablissements selbst, Nietzsches Begriff des »Übermenschen« zu ironisieren schien. »Die stilisierte Überehe, / die ist mein künstlerisches Ziel! / Mein Überweibchen schon ich sehe / im Überheim – im Eckmannstil! / von Leistikow die Wandtapeten / Auf Pankokläufer soll man treten; / Um Mitternacht umfängt uns nett / Herrn van de Veldes Überbett.« Otto Eckmann, Walter Leistikow, Bernhard Pankok waren wie van de Velde von Haus aus Maler, die sich kunstgewerblich betätigten.

Bekannt war van de Velde bald auch in zwei der wichtigsten Berliner Salons, in die Kessler ihn eingeführt hatte: bei Cornelia Richter, der Witwe des bekannten Portraitmalers Gustav Richter und Tochter des Komponisten Giacomo Meyerbeer, mit deren Söhnen Gustav und Raoul Kessler seit seiner Studienzeit befreundet war, und bei Helene Gräfin Harrach, der Gattin des hofnahen Malers Ferdinand Graf Harrach, mit deren Sohn, einem Bildhauer, Kessler ebenfalls befreundet war.

Im Palais Meyerbeer am Pariser Platz, wo Cornelia Richter mit ihren vier Söhnen lebte, hingen zwischen alten Tapisserien die Bilder ihres Mannes. Hier sah man sie im matten Licht großer Lampen sitzen, immer mit einem begreifenden Lächeln und einer »wohltuenden Bereitschaft für alles Lebendige«. Nie seien, so Helene von Nostitz, die Gespräche in diesem Salon anders als kultiviert und dabei ohne Schärfe gewesen, eben nur Gespräche. Nie habe es lautstarken Widerspruch, aber auch nie unbedingte Zustimmung gegeben.

Im Palais Meyerbeer hielt van de Velde im März 1900 die ersten Vorträge, bei denen er vor dem Hintergrund des Renaissancedekors die Zuhörer aufforderte: »Werfen Sie ihre Vorurteile und alten Möbel aus dem Fenster, schrecken Sie nicht vor den äußersten Konsequenzen zurück!«[14] Ein Affront, den Frau Richter offensichtlich mit Fassung und feinsinnigem Verständnis für alles Menschliche hinnahm. Sie hat allerdings nie, soweit bekannt, Möbel bei van de Velde bestellt.

Die Vorträge – sie handelten von der Wiedergeburt des Kunsthandwerks und seiner eigenen Vorreiterrolle – hielt van de Velde vor einer erlauchten Zuhörerschaft von vierzig bis hundert Gästen, darunter Würdenträger des Hofes, hohe Staatsbeamte, Diplomaten, Museumsdirektoren, Gelehrte und Künstler. Er sprach leidenschaftlich von seiner Mission – Französisch, denn er sollte die deutsche Sprache nie wirklich beherrschen – und trat gleichsam als Apostel der Reformbewegung auf, ohne allerdings im einfachen Predigergewand oder Reformkleid zu erscheinen. Er habe, so schreibt er in seinem Lebensbericht, wie alle Anwesenden Frack und Handschuhe bevorzugt. »Ich hatte in meinem Gebaren und in meiner Ausdrucksweise nichts vom struppigen, aufreizenden Rebellen.«[15]

Der Zulauf zu diesen Vorträgen war groß, van de Velde die Sensation der Saison. Dieser führe, notierte Baronin Spitzemberg in ihrem Tagebuch, eine lebhafte Konversation, und sie sei bald in einem heftigen Gefecht mit ihm gewesen. Zwar habe sie versucht, sich über die Ziele seiner Mission klar zu werden, doch das sei nicht so einfach gewesen. Sie habe die Spreu vom Weizen nicht trennen können. Vieles sei sehr geistreich, vieles unklar, übertrieben und keineswegs neu. Auch widerspreche van de Velde energisch dem Vorwurf, seine Anschauung führe zur Verweichlichung, zur Dekadenz. »Dennoch sprechen seine Adepten für diesen Vorwurf, und meiner Ansicht nach muß eine solche Überschätzung der Kunst als Erziehungsmittel, eine solche Abhängigkeit von Form und Umgebung zur Entnervung führen.«[16]

Die Baronin blieb ihrem Urteil treu. »Vieles«, schrieb sie einige Jahre später nach einem Besuch bei Helene und Alfred von Nostitz in deren Wohnung, »ist nach meiner Ansicht recht hübsch, besonders in den Farben sehr wohltuend. Dennoch muß ich sagen, daß es mir fast unmännlich erscheint, wie hier Wert gelegt ist auf jedwede Kleinigkeit, jede Abstimmung des Tones, jede Blume auf dem Tische, die Form jeder Tasse.«[17]

Zu den Kleinigkeiten gehörten die Kleider der Frauen. Mochte van de Velde in Gesellschaft auch im Frack erscheinen, seine Frau war – ein wandelndes Programm der Reformbestrebungen ihres Mannes – unweigerlich in ein von ihm entworfenes neues Kleid gehüllt, das wie die Möbel dem Prinzip der Vernunft huldigte. Das neue Kleid hatte keine Schleifen mehr, die nicht banden, keine Knöpfe, die nicht knöpften, keine sinnlosen Rüschen und Spitzen und nahm für sich in Anspruch, obwohl vom Künstler geschaffen, Ausdruck der Individualität der Besitzerin zu sein. Denn wie bei Haus und Möbeln müsse auch bei den Frauenkleidern der Künstler die Führung so lange übernehmen, bis die Frauen wieder selbst ihre Kleider vernunftgemäß zu gestalten wüssten.

Des öfteren sei, so Kessler, im Salon der Frau Richter über Marias Kleider gesprochen worden. Man habe sie hässlich gefunden, besonders eines aus Kamelhaaren, das aussehe, als sei die Frau achtundvierzig Stunden mit der Eisenbahn gefahren. Van de Veldes Kleider, darin seien sich alle Anwesenden einig gewesen, eigneten sich so wenig wie seine Möbel für ein luxuriöses Ambiente. Aber wozu brauche man auch noch Luxuskunst angesichts der umstürzlerischen sozialen Entwicklung, die überall zu beobachten sei. »In diesen Gesprächen resümiert sich«, so Kessler amüsiert, »das Anziehende und zugleich Unangenehme, das Vandeveldes Ideen, seitdem ich ihn in die hiesige Gesellschaft hineingebracht habe, für diesen ganzen Luxusklüngel haben. Alte Konventionen, über die man früher nie nachgedacht hatte, werden Gegenstände des Zweifels; man affirmiert sie deshalb um so lauter, und die Feineren (...) merken das sozialistische Gift, das zersetzend emporsteigt; sie riechen den Gestank des Teufels.«[18]

»Sozialistisches Gift« aber, was immer Kessler darunter verstanden haben mag, war bei van de Velde nicht oder nicht mehr zu finden. Dieser habe ihm erzählt, so Kessler, sein Verhältnis zum Sozialismus sei nur ein vorübergehendes gewesen, da er den Glauben daran, dass die einfachen Leute künstlerisch unverdorben seien, bald verloren habe. Jetzt setze er mehr auf die Elite.

Auch hier war Alfred Lichtwark anderer Meinung. Als einer der führenden Vertreter der deutschen Kunsterziehungsbewegung setzte er vor allem auf die einfachen Leute und deren praktische Bedürfnisse, von denen allein die dringend erforderliche kulturelle Erneuerung zu erwarten sei. Wie unvereinbar ihre Positionen waren, wurde deutlich, als der nüchterne Reformer und Museumsleiter zum ersten Mal persönlich auf den sensiblen Künstler traf.

Im Dezember 1900 habe er, so berichtet Lichtwark seiner Kommission, die Verkaufsräume Hirschwalds besucht, dabei habe ihm van de Velde eine Hymne auf die Linie vorgetragen und gemeint, er könnte nicht leben und arbeiten in einem Raum ohne die Anregung seines Linienspiels. Nie könnte er sich an einen viereckigen Schreibtisch setzen, es fiele ihm daran nichts ein. Der Schreibtisch müsste vielmehr die Arme nach ihm ausstrecken. Er selbst habe, so Lichtwark weiter, van de Veldes Elogen kommentarlos über sich ergehen lassen. Als dieser dann aber die Schönheit der Linienverschlingungen am Bücherschrank rühmte, habe er sich erlaubt, den Standpunkt des Dienstmädchens einzunehmen und auf die Unmöglichkeit hinzuweisen, den Schrank staubfrei zu halten. Da sei van de Velde explodiert. Was Staub, habe er geschrien. »Ich will Kunst, will Form, Harmonie, Linie. Staub ist mir ganz egal.«[19]

Doch er, Lichtwark, könne es in einem Raum van de Veldes nicht aushalten, es würde ihn schon wild machen, einen solchen auch nur zu betreten. Alles sei schrecklich unpraktisch, vor allem die Stühle, die van de Velde wie einen Dachstuhl über kompliziertem Grundriss konstruiere. »Die Beine stehen schräg und bohren sich nahe der Mitte in den Sitz. Unter sich sind sie durch Querstangen verbunden, und dann muß der Sitz an den Ecken noch einmal durch eine Strebe auf die schrägen Beine gestützt werden. Spielerei.«[20]

IDEALRAUM ZUM TRÄUMEN

Lichtwark war nur einer aus der größer werdenden Schar von Kritikern van de Veldes; selbst treue Anhänger begannen von ihm abzufallen. Meier-Graefe etwa missfiel, dass van de Velde die Belebung des deutschen Kunsthandwerks sich allein zuschrieb, obwohl schon vor der Dresdner Ausstellung Werke der neuen Bewegung in Deutschland zu sehen waren. »Ich zum Beispiel hatte schon vorher manche Zeile über deutsche Gewerbekünstler geschrieben, folglich mußte es solche Künstler geben.«[1] Ganz entschieden wandte er sich gegen van de Veldes neuestes Buch *Die Renaissance des Kunstgewerbes*. Es sei viel zu sehr auf ihn selbst zugeschnitten und triefe vor erhabener Feierlichkeit. »Selbstverständlichkeiten und Thorheiten werden darin mit solcher Gelassenheit, ja, mit so viel Pathos behandelt, daß sich die Opposition selbst dann regen würde, wenn der Hauptinhalt des Buches einem willkommen wäre. Das Pathos ist das Peinlichste daran.«[2]

Meier-Graefe plante zwar noch, ein Buch über van de Velde zu schreiben, hielt ihn aber längst nicht mehr für den Vorreiter der modernen Bewegung. Er fühlte bereits einen gewissen Überdruss am Ornament – folge es nun vernünftigen oder unvernünftigen Prinzipien – und am betont Künstlerischen von van de Veldes Stil. Hatte er noch 1898 die eiserne Logik, die geistreiche Inspiration und das Genie atmende Künstlertum gelobt, so glaubte er nun, dass man sich vom Künstlertum empanzipieren und dem Einfachen und Nichtoriginellen zuwenden müsse. Was war geschehen?

1899 hatte Meier-Graefe in Paris den jungen Rudolf Alexander Schröder kennengelernt, der ihn für die Mitarbeit an der neu gegründeten Kunst- und Literaturzeitschrift *Die Insel* gewinnen wollte. Als Schröder, kein Freund der Schlängellinien, Meier-Graefe in dessen Wohnung nahe dem Arc de Triomphe besuchte und umgeben von verschnörkelten Möbeln und Lampen an seinem gebogenen Schreibtisch sitzend fand, mokierte er sich über diese Geschmacksverirrung.[3] Er traf Meier-Graefe damit wohl an empfindlicher Stelle, der kaum etwas so sehr fürchtete, wie einer Richtung anzuhängen, die bereits unmodern war.

Umgehend besuchte Meier-Graefe die Wohnung, die Schröder – wie van de Velde als Raumkünstler Autodidakt – für seinen Vetter Alfred Walter Heymel, einen reichen Millionenerben, in München mit großem baulichem und finanziellem Aufwand eingerichtet hatte. Meier-Graefe war von der Wohnung begeistert und schrieb über sie in der Zeitschrift *Die Kunst* einen langen, enthusiastischen Artikel.

Das Auffallendste an der Wohnung sei die fehlende Ornamentik. »Gerade was den Dilettanten am meisten an der Moderne imponiert, die neue Ornamentik, ist hier mit einer kühlen Sicherheit ausser acht gelassen, die kaum ein Künstler über sich bringt.«[4] Es gebe in Heymels Wohnung überhaupt keinen Schmuck, eine Aussage, die uns heute erstaunt, da viel Krauses und Wolkiges, viel schön stilisierte Blumen und Blätter zum ornamentalen Einsatz kamen. In den Räumen herrsche eine Gediegenheit, wie man sie nur in den alten Patrizierhäusern der Hansestädte – Schröder und Heymel entstammten dem Bremer Großbürgertum – finde. Fast alles sei eingebaut, wenig stehe herum. Überall finde sich nur das Nötigste in einfacher und praktischer Form. Selbst dass das Nötigste wuchtig auftrat als riesiges Sofa, kolossales Bett und gewaltiger Esstisch, wusste Meier-Graefe nicht nur zu entschuldigen, sondern auch zu schätzen. »Diese wuchtige Einfachheit entbehrt nicht der Grazie.«[5]

Lediglich dezent angebrachte Tulpen- und Rosenmuster seien in der Täfelung, im Marmor des Kamins, im Damast, im Silberbesteck zu finden, ansonsten sei alles einfach gehalten und strahle eine gutbürgerliche Wohlhabenheit aus. Sehr schön sei auch die große Diele, die ganz mit Spiegelscheiben tapeziert sei: »Hier herrscht dunkle, fast mystische Stille; nichts wie diese geteilten Spiegel, die großen Sophas mit den winzigen Tischen davor, der enorme Kamin giebt einen ganz bestimmten würdigen Charakter. Abends wenn die Scheite im Kamin brennen und allein das Licht geben, wird es gemütlich, man rückt den Sessel um den Kamin und vergißt Ort und Zeit, ein Idealraum zum Träumen!«[6]

In der ganzen Wohnung herrsche das Prinzip des guten Geschmacks und des gesunden Menschenverstandes, und das hinterlasse einen bleibenden Eindruck. Hier werde der Nachweis geliefert, dass es nicht so unendlich tiefer Künste bedürfe, ein anständiges Milieu zu schaffen, als die derzeit führenden Künstler glauben lassen möchten. Sie alle könnten hier viel lernen, »vor allem das beste der modernen Prinzipien, daß man nicht wenig genug Kunst anwenden kann, um Künstler zu sein. Die Bewegung wird wahrscheinlich und hoffentlich den Schröder'schen Weg gehen; freilich nicht die Masse.«[7]

Das hohe Lob für Schröder war eine erste Kampfansage an van de Velde, von dem Meier-Graefe bald hoffte, dass er im Interesse der Allgemeinheit keinen weiteren Einfluss gewinnen möge, und es schien, als sollte sich Meier-Graefes Wunsch erfüllen. Denn bald nach der Übernahme der Henry van de Velde GmbH durch Hirschwald kam es zu ernsten Auseinandersetzungen mit Karl Ernst Osthaus. Der offen antisemitische Osthaus nahm das nächstbeste Problem zum Anlass, gegen Hirschwald vorzugehen, den er als »jüdischen Kunstgroßhändler« zu bezeichnen pflegte. Er kündigte den Vertrag, als die Türen für das Kellergeschoss nicht die vereinbarte Qualität aufwiesen.

Van de Velde erlitt nun einen weiteren Nervenzusammenbruch und ging mit seiner Familie für zwei Monate zur Kur nach Grünheide, wo er sich gerne, so gestand er der Freundin Sophie Herrmann, niederlassen würde, in direktem Kontakt zum einfachen Leben ohne gesellschaftliche Zwänge. Hier habe er die schlimmste Phase der Krise überwunden und sich damit abgefunden, ein bezahlter Gefangener Hirschwalds zu sein. Doch frage er sich, was die Zukunft ihm bringen werde. Noch habe er einige Aufträge abzuwickeln und solange müsse ihn Hirschwald bezahlen, noch genieße er die Ruhe und das Wohlergehen seiner Familie, was aber werde passieren, wenn diese Arbeiten beendet seien? Er fühle sich wie ein »erschöpfter Droschkengaul«, dem jeder, der nur eine Peitsche habe, seine Richtung aufzwingen könne.[8]

Van de Velde fühlte, dass sein eben erst aufgegangener Stern bereits im Sinken begriffen war. Statt Mittelpunkt eines glänzenden Wirkungskreises zu sein, sah er sich immer mehr als Opfer von Leuten wie Hirschwald, der als Geschäftsmann einen untadeligen Ruf genoss, den van de Velde aber als skrupellosen Bösewicht hinstellte. Auch die Hoffnung, in Berlin eine offizielle Rolle im Umkreis des Hofes spielen zu können, musste van de Velde, sollte er sie je gehabt haben, begraben, als Wilhelm II. bei der Enthüllung der Figurengruppe der Berliner Siegesallee im Sommer 1901 den neuen Kunstbewegungen ganz offiziell den Kampf ansagte. Da ihm darüber hinaus der Zugang zu Hochfinanz und Industrie mit wenigen Ausnahmen verschlossen blieb, konnte er nur auf den Kreis seiner wohlhabenden Freunde zählen, die sich das eine oder andere Arbeitszimmer von ihm einrichten ließen. Doch auch dieser Kreis, in den er bei seinem ersten Besuch in Berlin so begeistert aufgenommen worden war, zeigte bereits einen gewissen Überdruss und begann sich anderen Novitäten zuzuwenden.

Van de Velde war sich der schwierigen Lage, in die er geraten war, durchaus bewusst. »Während einerseits mein Name in den Himmel gehoben wurde, während mir offensichtlich großer persönlicher Erfolg beschieden war und Berlin mir einen denkbar herzlichen Empfang bereitete, drohte mir andererseits ein Sturz, der nicht minder plötzlich hätte sein können als mein Aufstieg. Noch einige Monate dieses Zustandes, und ich wäre ohne Zweifel untergegangen.«[9]

Doch van de Velde ging nicht unter. Durch Vermittlung des Kunsthändlers Hermann Pächter gelang es nach langwierigen Verhandlungen am 5. November 1901, den Vertrag mit Hirschwald zu lösen. Gleichzeitig verfestigten sich nach Weimar geknüpfte Kontakte, und als sich ihm dort ein neues Tätigkeitsfeld bot, griff van de Velde ohne Zögern zu.

Villa Behrens auf der Mathildenhöhe, Darmstadt 1901

EIN DOKUMENT DEUTSCHER KUNST

In Weimar residierte seit 1897 Elisabeth Förster-Nietzsche, die Schwester des Philosophen. Als sie van de Velde im Frühjahr 1900 in Berlin durch Vermittlung Kesslers kennenlernte, erkannte sie bald, wie nützlich sowohl Kesslers weitreichende Beziehungen als auch van de Veldes Berühmtheit für sie werden konnten, sollte es ihr gelingen, die beiden erklärten Nietzsche-Verehrer nach Weimar zu locken, und sie entwickelte einen Plan.

Er wisse doch sicher, so schrieb sie Kessler im März 1901, dass das Großherzogtum einige Handwerksbetriebe und Fabriken für Glas, Porzellan, Ton und Holz besitze und die Thüringer recht geschickte Leute seien. »Wenn nun hier im Anschluß an die Kunstschule eine Reihe Werkstätten unter der Leitung eines hervorragenden Künstlers wie van de Velde gebildet würden, wo sozusagen für all diese Fabriken neue Muster hergestellt würden, die von diesen Fabriken oder deren besten Arbeitern ganz allein ausgeführt werden dürften, so wäre das doch gewiß ein Ziel, das einen ebenso idealen als realen Werth haben würde.«[1]

Der Plan klang so verlockend, dass Kessler und van de Velde beschlossen, nach Weimar zu fahren und die Lage vor Ort zu erkunden. Elisabeth Förster-Nietzsche berichtete ihnen, dass der Posten des Kunstschuldirektors derzeit vakant sei. Einige der angefragten Künstler hätten bereits abgelehnt, nun sei der Weimarer Hof auf der Suche nach jemandem, der neben der Kunst auch das Kunstgewerbe im Land heben könne, wie es schon in Hessen gelungen sei. Sie könne sich für diese Rolle keine bessere Besetzung denken als van de Velde.

Kessler konnte ihr nur beipflichten. Er hatte sich vor seiner Reise nach Weimar auf der Ausstellung für Kunst und Handwerk in München die Arbeiten führender deutscher Kunstgewerbler angesehen, um sie mit van de Veldes Werken zu vergleichen. Fast alles, was er sah, bestätigte sein bisheriges Urteil: Keine der Arbeiten atme so stark die Stimmung der Heiterkeit wie die van de Veldes. Alles andere wirke dagegen unruhig, ja seltsam. In Bernhard Pankoks Küche etwa sehe man nur eine bizarre Übertreibung gewisser Formen, nicht einmal der Versuch, rhythmische Proportionen zu schaffen, werde gemacht. »Pankoks Farben schwer und von unreiner Harmonie; braungraues Holz und weinrote Tapete, schwarzes Ebenholz und schmutzig dunkelblaue Tapete.«[2] Die Arbeiten Bruno Pauls seien zwar besser, die Farben etwa heller, aber auch ihm fehle es an Leichtigkeit und dem Sinn für Proportion; die Form scheine dem Zufall überlassen. Riemerschmid sei um einiges besser, Linie und Proportionen stimmten. »Aber auch bei ihm das Zimmer (die Gesamtheit der Einrichtung) keine Stimmung; nicht die Lebensfreude, die so stark aus Van de Veldes Zimmern atmet«.[3]

Nur von Heymels Wohnung mit der Einrichtung Schröders war Kessler fast wider Willen beeindruckt. »Ziemlich weichlicher Gesamteindruck; aber im allgemeinen einfach.«[4] Um auch van de Velde mehr auf das Einfache einzuschwören, machte er mit ihm in durchaus pädagogischer Absicht von Weimar aus einen Ausflug nach Naumburg, um den Dom zu besuchen, der in den 1870er Jahren von seiner barocken Pracht »befreit« worden war. Befriedigt vermerkte er im Tagebuch, van de Velde habe sich von seiner lebensvollen Einfachheit stark bewegt gezeigt und gemeint, dem müsse man nachstreben.

Von Weimar fuhren Kessler und van de Velde weiter nach Darmstadt, um die Aufsehen erregende Ausstellung der Künstlerkolonie auf der Mathildenhöhe zu besichtigen, die den anspruchsvollen Titel *Ein*

Dokument deutscher Kunst trug und am 15. Mai 1901 vom Großherzog Ernst Ludwig von Hessen eröffnet worden war. Die Künstlerkolonie verdankte ihre Entstehung der Absicht des Großherzogs, Darmstadt zu einem neuen Kunst- und Kulturzentrum zu machen und das Handwerk, vor allem das Kunsthandwerk, in seinem Land zu fördern. Sieben junge Künstler waren eingeladen worden, sich auf der Mathildenhöhe niederzulassen. Neben verschiedenen Ausstellungshallen entstanden vor allem modellhafte Familienhäuser, die, komplett ausgestattet, als Modelle einer neuen künstlerisch-handwerklichen Zusammenarbeit dienen konnten. Die meisten Häuser waren während der Ausstellung zu besichtigen.

Schon der erste Rundgang überzeugte van de Velde und Kessler wenig. »Alles in allem ist das, was diese Leute getan haben«, soll van de Velde beim Nachhausegehen zu Kessler gesagt haben, »genau das Gegenteil dessen, was wir wollen; es bedeutet den Erfolg dessen, was wir immer bekämpft haben; genau hiergegen sind wir in den Krieg gezogen. Sie fassen die ganze künstliche Bewegung zusammen, die dem Leben widerspricht, die Verblendung, den Mangel an organischem Sinn, der Mangel an Respekt gegenüber der verwendeten Materie.«[5]

Am nächsten Tag führte sie Peter Behrens, einer der Künstler der Ausstellung und wie van de Velde ursprünglich Maler, durch das Wohnhaus, das er für sich und seine Familie auf der Mathildenhöhe gebaut hatte. Konzipiert als Gesamtkunstwerk wie auch van de Veldes Haus Bloemenwerf, war die gesamte Inneneinrichtung von der Türklinke bis zum Tafelgeschirr und der Bettwäsche von ihm selbst entworfen worden. Doch im Gegensatz zum schlichten Haus Bloemenwerf entsprach die Villa Behrens höchsten Ansprüchen und war mit rund 200 000 Mark das teuerste Haus der Ausstellung. Mit seinem quadratischen Grundriss strenger im Zuschnitt, weist es keine abgeschrägten Ecken oder unvermuteten Ausbuchtungen auf und wirkt durch seine Kompaktheit und seine Fassade aus weiß verputzten Wandflächen und Blendpfeilern aus grün glasierten Klinkern herrschaftlicher. Die innere

Raumaufteilung ist konventioneller: Küche im Souterrain, Diele, Musikzimmer, Speisezimmer, Wohnzimmer der Dame im Erdgeschoss, die Schlafzimmer und das Arbeitszimmer des Herrn im Obergeschoss, Gäste- und Kinderzimmer unter dem Dach.

Das Musikzimmer, der Hauptraum des Hauses, ist um zwei Stufen von der Diele abgesenkt und höher als die anderen Räume. Auf dem dunklen Intarsienboden aus edlen Hölzern stehen Sessel, Stühle und Bänke aus schwarzgebeizter Birke. Die Decke ist vergoldet, an den Wänden finden sich Spiegelglas, roter und gelber Marmor. In einer Nische steht ein Flügel aus grau gebeiztem Ahorn, neben ihm hängt ein Bild des Hausherrn, *Ein Traum*. Zu beiden Seiten der Nische halten hohe Kandelaber weihevolle Wacht, den Durchgang zum Speisezimmer akzentuieren seitliche Pfeiler mit den gleichen ägyptischen Motiven, die auch den Deckel des Flügels zieren. Neben dem sakral anmutenden Raum liegt das Speisezimmer, das mit weiß lackierten Möbeln und Paneelen und einem weinroten Teppich hell und freundlich wirkt. Ebenso freundlich, in Gelb gehalten, ist das Zimmer der Dame.

Behrens' Villa sei, so der Kunstkritiker Michael Georg Conrad, kein Haus für einfache Menschen mit Alltagssorgen. »In diesen Räumen mit ihrem märchenhaften Farben- und Lichtzauber ist das Leben ein Fest. Es ist mehr als ein Leben in Schönheit – es ist ein Ausnahmeleben. Hier zieht man ein, wenn man sich von sauren Wochen und harten Kämpfen bereits erholt hat. Hier ist man Gast bei dynamischen Göttern. Für ringende, sorgenvolle Menschen ist das kein Alltagsheim.«[6]

Alles in diesem Haus zeigt die Einheitlichkeit des Gesamtkunstwerks, aber in der Stil-, Farb- und Materialvielfalt auch ein wenig überdeutlich das vielseitige Können des Künstlers. Und so wirkt es mitunter etwas gekünstelt, ein Triumph des allen Dingen wie ein Signet des Künstlers aufgedrückten Ornaments. Kessler hat die Künstlichkeit wohl gespürt. In diesem Haus habe sich, so schrieb er im Tagebuch, der Samtrock des romantischen Künstlers leider zu einem ganzen Haus ausgewachsen. Behrens konstruiere jedes Zimmer über ein einziges

Ornament, und mit dem Aufkleben des Ornamentmotivs sei des Künstlers Schaffen leider erschöpft.

Tags darauf ging Kessler noch einmal mit van de Velde durch die Ausstellung. Dieser sei wieder sehr aufgebracht gewesen und habe zu ihm gesagt: »Nein, wie abscheulich, wie abscheulich, zwei Jahre lang werde ich kein Ornament mehr machen. Ich bin wirklich froh, das gesehen zu haben. Man sieht, was man nicht mehr tun darf. Ich werde mich noch mehr vereinfachen. Ich werde nur noch die Form suchen. Dies wird wirklich eine neue Epoche in meiner Entwicklung darstellen. Ich werde mich stärken, indem ich an die Kathedrale von Naumburg denke.«[7]

Unterdessen gedieh die Weimarer Angelegenheit rasch. Kessler und Förster-Nietzsche ließen ihre Beziehungen zum Hof spielen, und auch Bodenhausen wurde in das Ränkespiel einbezogen. Um ihm die Dringlichkeit vor Augen zu führen, bat Kessler ihn, sich einmal vorzustellen, welche Bedeutung dieser Posten für die allgemeine Entwicklung des Kunstgewerbes haben könnte. »Was Van de Velde da leisten könnte, ist gar nicht abzusehen, wenn er die ganze Industrie des kleinen Landes (Töpferei, Spielwaren, Tischlereien u. s. w.) unter seinen Einfluss bekäme. Die Sache wäre geradezu ein Glücksfall für ganz Deutschland. Und schön, dass es wieder Weimar wäre, das an der Spitze marschierte.«[8]

Unermüdlich warb Kessler in Weimar für van de Veldes Berufung. Er suchte den Großherzog, wichtige Kammerherren und Minister auf und zeigte ihnen wie ein Reisender in Sachen Kunstgewerbe das Modell eines von van de Velde entworfenen Beleuchtungskörpers. Der Großherzog schien für van de Velde gewonnen, stellte die endgültige Entscheidung aber bis zu seiner Rückkehr von einer längeren Reise zurück. In der Zwischenzeit dachte Elisabeth Förster-Nietzsche bereits weiter und berichtete Kessler, dass sich der Hof noch mehr als für van de Velde für ihn interessiere, »und ich bin wirklich neugierig, was dieser Kreis zusammenbrauen wird, um auch Sie hierher zu locken.«[9]

Mitte Dezember 1901 wurde van de Velde schließlich offiziell zum Bevollmächtigten zur Hebung des Sachsen-Weimarischen Kunstgewerbes ernannt – für Kessler eine Entscheidung von unabsehbarer Tragweite, der Beginn einer neuen Epoche deutscher Kultur. Zum ersten Mal, so schrieb er Bodenhausen, sei einem Mann ein ganzes Stück Deutschland zur Erziehung in die Hände gegeben, zum ersten Mal sei damit eine moderne Form für die Stellung des Künstlers zum Gewerbe und zur Industrie gefunden worden, die der Stellung des Wissenschaftlers entspreche. Der Künstler löse wie in einem Laboratorium die sich der Industrie stellenden Probleme und überlasse ihr die Lösungen zur wirtschaftlichen Ausnutzung. »Wenn das Unternehmen in Weimar gelingt, so wird es in der deutschen Kultur, dessen bin ich ganz sicher, Epoche machen.«[10]

Van de Velde beabsichtigte nun, eine Art kunstgewerbliches Laboratorium ins Leben zu rufen, in das er Schüler aufnehmen wollte, um mit ihnen Entwürfe und Modelle für die Handwerker und Fabrikanten des Landes zu bearbeiten. Das Geld für den Bau eines geeigneten Schulgebäudes wollte er durch Spenden und Hypotheken aufbringen, wenn ihm denn der Baugrund vom Großherzog kostenlos zur Verfügung gestellt würde. Er rechnete mit Kosten in Höhe von 30 bis 40000 Mark.

Van de Veldes Ernennung wurde nicht überall gut aufgenommen. Kritische Stimmen fragten in der *Weimarischen Neuesten Zeitung* entrüstet, warum nicht statt van de Velde ein deutscher Künstler nach Weimar berufen worden sei. Van de Veldes Kunst scheine denn doch als zu fremdartig für Deutschland und zu exotisch für die Provinz, sei zu mondän, zu wenig Heimatkunst. Die Berufung erstaune umso mehr, als Herr van de Velde der deutschen Sprache kaum mächtig sei. Sein Weggang aus Berlin habe wohl den Grund, dass die künstlerische Betätigungsart dieses Herrn schon etwas abgetan sei. »Fast scheint es, als ob man in Berlin seiner überdrüßig wäre, und mit Freuden die Gelegenheit ergreife, ihn hier zu lancieren.«[11]

Bevor van de Velde Berlin verließ, gab er ein Abschiedsessen, das er in seinem Lebensbericht eigens erwähnte. Eingeladen waren Maximilian Harden und Walther Rathenau. Harden, einem der einflussreichsten Publizisten des Kaiserreichs, habe er dafür danken wollen, dass er in seiner Zeitschrift *Die Zukunft* mehrere Aufsätze von ihm veröffentlichte. Mit Rathenau, seit 1899 im Vorstand der AEG, habe ihn seit seinen Vorträgen im Salon Richter eine freundschaftliche Beziehung verbunden – eine Einschätzung, die Rathenau offensichtlich nicht teilte, denn er erwähnt van de Velde kein einziges Mal in seinem Tagebuch, auch nicht, wenn dieser bei einem der genannten Anlässe nachweislich dabei war. Mehr noch, in einem Brief an Harden schreibt er: »Sie kennen meine Meinung von v. d. Velde, den ich als Propagandisten gelten lasse, als Maler-Architekten-Schreiner-Dekorateur wenig schätze.«[12]

Rathenau bevorzugte den Architekten Alfred Messel, der 1897 das Warenhaus Wertheim an der Leipziger Straße in Berlin gebaut hatte, das mit seiner Fassade aus Glas, Stahl und Granit bald zur populären Ikone des neuen Bauens geworden war. Messel hatte auch die Grabstätte der Familie Rathenau entworfen und am Bau des Verwaltungsgebäudes der AEG mitgewirkt. Messel stelle ja wohl, so Rathenau, eine ganz andere Persönlichkeit dar als der »bewegliche Ersatz-Goethe« – eine Bezeichnung, mit der er sich über van de Veldes Absicht mokierte, Weimar gemeinsam mit Kessler wieder zu einem nationalen Kulturzentrum machen zu wollen, mokierte. Überhaupt hegte Rathenau, der es wie Hauptmann vorzog, sich selbst einzurichten, ganz allgemein eine Abneigung gegen Möbelzeichner und Innenarchitekten, die »fremde Häuslichkeit regieren« wollen. »Sie haben uns klargemacht«, schrieb er 1905 entrüstet, »daß wir bisher weder richtig gegessen, noch getrunken, noch sonstwas gemacht haben und lehren uns, wies geschehen muß.«[13]

Bibliothek Wohnung Kessler, Weimar 1903

RÄUME WEIHEVOLLER STIMMUNG

Als van de Velde am 1. April 1902 in Weimar offiziell sein neues Amt antrat, wurden ihm für sein Privatatelier und das kunstgewerbliche Seminar – Vorläufer des geplanten Laboratoriums – vorübergehend Räume in der Kunstschule zur Verfügung gestellt. Als Wohnung bezog er mit seiner Familie zwei Etagen eines Hauses in der Cranachstraße, in der Nähe des »heiligen Hügels«, auf dem Elisabeth Förster-Nietzsche in der Villa Silberblick residierte. Mit Hilfe der Dahlia-Tapete und den aus Uccle mitgenommenen Möbeln gelang es ihm bald, eine Umgebung zu schaffen, die ihn und Maria nicht zu sehr unter der kleinbürgerlichen Enge der Räume leiden ließ, obwohl sie von einem stimmigen Ambiente weit entfernt war. »Man konnte einigermaßen in einer Atmosphäre atmen, aus der die schlimmste Häßlichkeit verbannt war«.[1]

Nach der quirligen Metropole Berlin wurde van de Velde nun Teil des ruhigen Lebens einer kleinen Residenzstadt mit knapp 30000 Einwohnern, und schon bald musste er erkennen, wie provinziell dieses Leben beschaffen war. Den meisten Besuchern hätten, so schrieb er im Rückblick, vor allem seine neoimpressionistischen Bilder missfallen; eine alte Gräfin wäre einmal entsetzt in Ohnmacht gefallen. »In solchen Momenten sah ich, welche Unwissenheit, welche Distanz überwunden werden mußten, um meiner neuen Umgebung näherzubringen, was mir selbstverständlich war.«[2] Auch Kessler mokierte sich über die geistige Enge in der Stadt und am Hof. Ein Hofball habe stattgefunden in einem hübschen, mit Kerzen erleuchteten Empire-Saal. Die Gesellschaft sei elegant gewesen, besonders die Damen, doch Intrigen und Klatsch, Langeweile und gespannte Verhältnisse hätten die Atmosphäre vergiftet. »Ein Studium hier lehrt Einen die kleinen Seiten der menschlichen Seele besser kennen als irgendwo anders: Reinkulturen des menschlichen Schimmelpilzes.«[3]

Die provinzielle Enge hielt Kessler allerdings nicht davon ab, selbst nach Weimar zu drängen, obwohl Elisabeth Förster-Nietzsche inzwischen ein ungutes Gefühl beschlich, wenn sie an Kessler in Weimar dachte. »Ich will Ihnen jetzt aufrichtig sagen«, so schrieb sie ihm, »mir wird ein wenig bange, wenn ich von dem hiesigen Gesellschaftstreiben höre: ob es überhaupt wünschenswerth ist, daß Ihnen diese Stelle angeboten wird? Ich begreife, daß Sie sich bis jetzt kühl und etwas ablehnend dazu verhalten. Meine Empfindung ist jetzt das beunruhigende Gefühl, als ob man einen jungen Adler in einen Käfig sperren wolle.«[4]

Doch Kessler lockte durchaus die Möglichkeit, die Rolle des dilettierenden Müßiggängers gegen eine offizielle Position im Kulturbetrieb einzutauschen, und er ließ sich umwerben. Die immer noch vakante Stelle des Direktors der Kunstschule allerdings wollte man ihm nicht antragen, da er kein praktizierender Künstler und auch zu jung sei. Eine Professur in Jena lehnte er seinerseits ab. Schließlich fragte man Anfang April 1902 von offizieller Seite inoffiziell an, ob Kessler gewillt wäre, in ein neu zu gründendes Kuratorium für die Umbildung der Permanenten Ausstellung in ein modernes Kunstmuseum einzutreten. Man wolle ihn gern in Weimar haben, und das sei ein Anfang, an den sich Weiteres knüpfen lasse.

Kessler zeigte sich interessiert, auch wenn seine Absichten weit über die angebotene Stellung hinausgingen. Er strebe, so schrieb er Bodenhausen, eine Tätigkeit an, »die Alles was für diese Kultur geschieht, mit einander in Verbindung setzt und dem allgemeinen Ziel dienstbar macht. Diese Stellung würde eine reorganisatorische, eine administrative und, wenn ich sie bekleidete, auch ein akademische Tätigkeit zu umfassen haben.«[5] Er wolle die Schulen reorganisieren und den Kunst- und Zeichenunterricht auf eine neue Basis stellen, um den Kindern schon früh die künstlerischen und handwerklichen Elementarregeln nahezubringen. Die Museen des Landes wolle er der modernen Kunst und dem modernen Kunstgewerbe öffnen, für die Kunstschüler und die Schüler van de Veldes wolle er Vorlesungen über die Geschichte der Farbe und der Malerei abhalten. Kurz, Kessler erstrebte nichts weniger als die Oberleitung über alle künstlerischen und kunstgewerblichen Bestrebungen im Großherzogtum Sachsen-Weimar.

Im Oktober 1902 bot man ihm schließlich ganz offiziell an, als ehrenamtliches Mitglied in das neu gebildete Kuratorium einzutreten und es mit weitgehenden Vollmachten zu leiten. Kessler sagte zu und versprach van de Velde, den Kampf nun mit ihm gemeinsam zu führen. »Ich werde nach Weimar kommen, ich werde sicher kommen, ich werde vor allem kommen, wenn es Kämpfe, Intrigen, Gefahren für das Werk gibt, das Sie dort verwirklichen müssen.«[6]

Die erste Ausstellung im Sommer 1903 widmete Kessler dem Bildhauer Max Klinger. Zur Eröffnung ließ er van de Velde den Oberlichtsaal des Museums am Karlsplatz neu herrichten, dem einige Monate später ein Lesezimmer in der zweiten Etage folgte. Danach zeigte er deutsche und französische Impressionisten und Neoimpressionisten, dann die deutschen Künstler Max Liebermann, Wilhelm Leibl und Hans Olde, und am Ende des Jahres van de Veldes Möbel und Einrichtungen an Hand von Einzelstücken und Innenraumaufnahmen.

Neben den Ausstellungen organisierte Kessler Vorträge und Lesungen illustrer Persönlichkeiten wie Rainer Maria Rilke, Hugo von Hofmannsthal, Gerhart Hauptmann und André Gide, die nach einem intimen Abendessen an kleinen Tischen vor einer Gesellschaft von etwa 30 Personen aus ihren Werken vortrugen. Die Soireen kamen gut an, und Kessler stellte im Tagebuch amüsiert fest: »Diese kleinen Spiessbürger hier fangen an, sich wirklich wichtig zu nehmen, seitdem man ihnen so viele berühmte Leute zuführt.«[7]

Dies war nicht ganz die Wirkung, die Kessler beabsichtigte, hoffte er doch, in Weimar durch ausgezeichnete Menschen, die dauerhaft blieben oder immer wieder kämen, mit der Zeit ein wirkliches Publikum heranziehen und eine gehobene geistige Atmosphäre schaffen zu können. Wie dieses Publikum beschaffen sein sollte, erläuterte André Gide den Weimarern in einem Vortrag am 5. August 1903: »Das Publikum soll nicht hungrig sein; es soll kultiviert sein; ich möchte hinzufügen, es soll klein sein. Eine kleine Schar war das Publikum Perikles', die ›honnêtes gens‹ um Ludwig den Vierzehnten, die edlen Italiener der Renaissance, die Großen des Weimarer Hofes.«[8]

Noch vor seiner Ernennung hatte Kessler mit van de Velde bereits über ein mögliches Domizil vor Ort gesprochen. Dieser richtete ihm zunächst eine Wohnung in der Cranachstraße 3 ein, suchte dann aber nach Räumlichkeiten, die wenigstens ansatzweise den gehobenen Ansprüchen des Grafen entsprechen sollten. Er fand sie ein Jahr später in der Cranachstraße 15, einem zweigeschossigen Haus, das noch im Rohbau war und kleinere Umbauten zuließ. »Der Treppe, die zu den Empfangsräumen in der ersten Etage führt«, so van de Velde, »konnte eine einigermaßen stilvolle, weniger bürgerliche Allüre gegeben werden.«[9]

Kesslers Weimarer Wohnung wurde in ihrer vornehmen Zurückhaltung ein weiteres Beispiel für van de Veldes Meisterschaft in Zusammenarbeit mit einem kultivierten und eigenwilligen Auftraggeber. Wie sei das wieder alles schön, lobte Bodenhausen den Freund, das Arbeitszimmer wie geschaffen für einen Mann, der nie einen Denkfehler macht. »Deine Zurückhaltung in Keßlers Arbeitszimmer ist die Stärke eines wahren Meisters.«[10]

Bodenhausen widmete Kesslers Wohnung in der *Innen-Dekoration*, einer reich illustrierten kunstgewerblichen Zeitschrift, einen ausführlichen Artikel. Die besten Schöpfungen van de Veldes seien die für die Freunde, da er es gut verstehe, immer etwas von deren Persönlichkeit in sein Werk zu legen. Nun habe er sich bei der Einrichtung für einen Freund mit ganz ungewöhnlich entwickeltem Geschmack, der sich ausschließlich mit Kunstwerken ersten Ranges umgebe, selbst übertroffen. Wunderbar sei es ihm gelungen, sich mit einfachen Möbeln der dominierenden Gewalt der Kunstwerke zu unterwerfen. Sie seien nun nichts weiter als feierlich klingende Grundtöne, die Japans und Griechenlands Plastiken und die Bilder von Hofmann, Signac und Cross besonders zum Klingen brächten. Stolz und bescheiden zugleich habe van de Velde mit der eigenen Kunst der fremden zum Leben verholfen. »Und noch eins scheint aus diesen Möbeln deutlich zu uns zu sprechen: daß sie in ihrer Nähe keinerlei Unklarheit des Gedankens dulden werden.«[11]

Die Fotografien, die Bodenhausen in der *Innen-Dekoration* veröffentlichte, zeigen, wie sehr alles in diesen Räumen einem starken Gestaltungswillen unterworfen und fein aufeinander abgestimmt ist. Der Boden ist mit hellen Rohrmatten belegt, die ohne Schwellen unter den Türen hindurchlaufen. Aus den dunkel bespannten Wänden treten hell die Türen hervor. Im Arbeitszimmer findet sich ein keineswegs gebogener, vielmehr geradliniger Schreibtisch, dazu ein Grafikschrank mit seitlich offenen Stehfächern für die Sammlung, ein Schrank mit zahlreichen Ablagen für die umfangreiche Korrespondenz. Den Büchern allerdings wird wie in vielen Wohnungseinrichtungen van de Veldes nur begrenzt Platz eingeräumt: ein halbhohes Regal über Eck, eingefasst von zwei Schränken, dessen obere Borde für Bücher und dessen untere für Grafiken gedacht sind.

In der Bibliothek steht ein Sofa vor einer mit Binsen bezogenen Wand, eingebaut in eine halbhohe Regalwand. Das Regal ist im unteren Bereich offen für Grafikmappen, im oberen mit Schiebetüren geschlossen, in die verglaste Rahmen für Grafiken eingelassen sind. Über dem Kamin hängt eine Nachbildung des Parthenonfrieses in Gips. Im Salon stehen Vasen und Gläser in eingebauten Vitrinen und eine Statue Aristide Maillols. Sessel und Sofa scheinen durch ihre nach unten geschwungenen Seitenteile, die sich nach vorne öffnen, den Näherkommenden zum Sitzen geradezu einzuladen. Die leicht gekurvten Beine werden nach unten hin schlanker, um dann wie Katzenpfoten breit und behäbig auf dem Fußboden aufzusitzen.

Alles ist leicht gekurvt, kaum eine gerade Linie, kaum ein rechter Winkel ist zu finden. Auf dem Tisch rundet eine Vase das Stilleben so formvollendet ab, dass man sich Besucher und Teetassen nur als vorübergehende Störung vorstellen mag. Überall sanfte Farbtöne, klassische Linien, edle Materialien, alles wirkt zurückhaltend, nichts drängt sich dem Auge auf. Die Räume bilden eine Welt für sich, zu der das bunte Leben draußen nur als hässlicher Kontrast gedacht werden kann. Nie habe, so gestand Karl Ernst Osthaus, eine Wohnung einen solchen Eindruck auf ihn gemacht. Ihr habe etwas angehaftet, »was jeden, der sie betreten durfte, zu kulturellen Leistungen verpflichtete.«[12]

Auch Helene von Nostitz zeigt sich noch Jahrzehnte später von den Kesslerschen Räumen inspiriert: »Das Feuer brennt im Kamin und wirft einen Schein auf die festlichen Reiter des Parthenonfrieses. Hellgelbe Bücher stehen in weißen Schränken. In den Glasvitrinen aber schauen liebliche Frauengestalten Maillols in Spiegel, die ihre reinen, strengen Formen wiedergeben. Über dem mattlila Diwan ziehen Nymphen Maurice Denis' durch einen phantastischen Wald.« Die Tür ist nach dem Schreibzimmer geöffnet, »diesem langen nachdenklichen Raum, wo über Reihen köstlicher Bücher die Bilder französischer Impressionisten erglühen wie bunte Blumen. Auf dem Schreibtisch erhebt sich wie eine Baum wieder eine Frauengestalt Maillols und fängt den Sonnenstrahl, der ihre sehnsuchtsvolle und doch herbe Bewegung küßt.«[13]

Nach dem Besuch der vollendet harmonisch gestalteten Räume habe man Hofmannsthals Vortrag über Shakespeare gehört, danach eine von Kessler besorgte Ausstellung besichtigt, um dann mit auserlesenen Persönlichkeiten aus aller Welt durch die langen Kastanienalleen der Weimarer Umgebung zu fahren. »Wie die Tonfolgen eines Musikstücks reihte sich alles aneinander, bis der Tag seinen Ausklang im Park von Belvedere fand.«[14]

Und inmitten all des wunderbaren Geschehens van de Velde selbst, der kongeniale Gestalter dieser Räume. »Welches bewegte Leben war um ihn und welches Drängen«, so Helene von Nostitz, »Für all die geheimnisvollen Strömungen, die hier zusammenfluteten, bildeten seine Einrichtungen einen Rahmen, der auch entscheidend für die Atmosphäre dieser Vereinigungen war, die nichts von Gemütlichkeit im eng deutschen Sinn an sich hatten, sondern den Geist der Unrast, des Wechsels, der Vielheit, des Umspannenden in sich trugen.«[15]

Besonders um Kessler scheint der »Geist der Unrast« geherrscht zu haben, denn auch nach der Berufung zum Leiter des Weimarer Museums für Kunst und Kunsthandwerk war er viel auf Reisen und überließ seine Wohnung in der Cranachstraße die meiste Zeit des Jahres den treuen Händen seines Dieners Paul Schulze. Er lebte in Berlin, Paris und London und gab weder seine Wohnung in Berlin noch sein ständiges Appartement im Hotel Cecil in London auf. Keineswegs wollte er zu eng mit der Kleinstadt in Verbindung gebracht werden und schrieb dezidiert an Alfred von Nostitz: »Denn Du irrst, wenn Du glaubst, dass ich ganz von Berlin fortziehe. Ich lege sogar Wert darauf, dass diese Anschauung nicht Verbreitung findet.«[16]

HOCH ÜBER DER STADT

Durch Meier-Graefes Artikel in der *Dekorativen Kunst* war der Chemnitzer Fabrikant Herbert Eugen Esche Ende der 1890er Jahre auf die neuen kunstgewerblichen Entwicklungen und vor allem auf van de Veldes Arbeiten aufmerksam geworden. Als er wenig später in die väterliche Firma, eine Strumpffabrik mit weltweit gefragten Produkten, eintrat und heiratete, beschloss er, sich von van de Velde modern und künstlerisch einheitlich einrichten zu lassen. Er bestellte bei ihm 1899 die Möbel für seine neue Wohnung in einem gediegenen Wohnhaus auf dem Kaßberg, einer Enklave inmitten des Lärms und Schmutzes des »sächsischen Manchesters«.

Herbert Esche, kunstinteressiert und welterfahren, er hatte Shanghai, New York und San Francisco bereist und auch einige Jahre in Paris gelebt, lernte van de Velde erst im Sommer 1900 persönlich kennen, als er ihn gemeinsam mit seiner Frau in Uccle besuchte. Dabei erkannte er schmerzlich, dass es nicht genügt, eine moderne Einrichtung zu besitzen, da sie immer im Widerspruch zu der sie umgebenden Hülle stehen wird, vor allem wenn sie im konventionellen und zugleich prätentiösen historisierenden Stil gestaltet ist. Beeindruckt von der künstlerischen Einheitlichkeit Bloemenwerfs, beschloss er, sich von van de Velde zu den neuen Möbeln auch ein neues Haus bauen zu lassen.[1]

1902 erwarben die Esches, von van de Velde beraten, ein Grundstück an der Peripherie von Chemnitz, einen Hektar groß und hoch über der Stadt gelegen mit Blick ins Erzgebirge. Sie ließen ihm bei der

Wohnhalle Villa Esche, Chemnitz 1902/03

Gestaltung des Hauses freie Hand – nur der schwarze Blüthner-Flügel der Hausherrin sollte im Musikzimmer Aufstellung finden – und kauften wie fast alle Auftraggeber die von ihm empfohlenen neoimpressionistischen Bilder.

Eine mutige Tat. Denn Chemnitz war zwar ein aufstrebendes Industriezentrum, aber auch tiefe kulturelle Provinz. Selbst weltweit tätige und modern wirtschaftende Unternehmer wie die Esches waren gesellschaftlich und kulturell mehr dem Tradierten und Bewährten verhaftet und neuen Kunsterscheinungen gegenüber wenig aufgeschlossen. Herbert Esche wurde denn auch, so berichtet sein Sohn, von der eigenen Verwandtschaft anfangs für verrückt erklärt. Man habe nicht verstehen können, dass er van de Veldes eigenwillige Entwürfe schön fand.[2]

Doch Esche – dem es mit den Jahren gelang, auch seine Brüder und seinen Schwiegervater für van de Velde zu erwärmen – ließ sich nicht beirren und so entstand in kurzer Zeit auf dem Grundstück im Südwesten der Stadt eine große dreistöckige Villa mit 500 Quadratmetern Wohnfläche und 32 Zimmern, die schon von außen in ihrer stimmigen Farbigkeit ganz die Handschrift des Künstlers verrät: Verputzte ockergelbe Fassaden verbinden sich mit blaugrün gestrichenen Fenstern, Türen, Rolladen, Pergolen und Geländern, eine mit türkisfarbenen glasierten Klinkern verkleidete Terrassenwand mit einem Sockel aus rötlichem Porphyr. Das Dach ist mit rotbraunen Ziegeln gedeckt.

Der Weg zum Haus gleicht einer Prozession mit überraschenden Richtungswechseln. Man betritt das Grundstück durch eine rechts von der Mittelachse des Hauses gelegene Pforte und besteigt den Hang über eine Freitreppe, deren Zwischenpodest noch weiter nach rechts vom Haus weg führt und den Blick auf die rechte Seitenfassade lenkt. Oben angekommen wendet man sich nach links; der Weg führt nun tangential zum Haus zurück. Nach einigen weiteren Schritten dreht man sich, will man das Haus betreten, um 90 Grad nach rechts und gelangt über ein paar Stufen auf den ins Haus eingezogenen Vorplatz.

Wiederum wendet man sich nach rechts und betritt ein kleines, dunkles Vestibül, dessen Wand bis in Türhöhe mit rotbraunem Holz getäfelt und dessen Boden mit sechseckigen rotbraunen Platten aus Terracotta ausgelegt ist. Die Türen mit leicht nach oben ausgebauchten Leibungen lassen durch Oberlichter etwas Licht in den Raum. Vom Vestibül kommt man nach einem Schwenk nach links zu einer Treppenhalle, die wie in Haus Bloemenwerf das Zentrum des Hauses bildet und durch ihre Helligkeit und Weite überrascht. Die Halle ist zweigeschossig und wird von oben belichtet. Um sie herum gruppieren sich Wohnzimmer, Speisezimmer, Musiksalon und Arbeitszimmer. Die Halle ist ausgestattet mit einem mächtigen Kamin, verkleidet mit blauen und türkisen Kacheln. Die Wände sind blau gestrichen, die Möbel aus gebeizter Buche, die Pendelleuchten aus Messing. Eine dreiläufige Treppe führt zu einer Galerie und den Schlaf- und Badezimmern der Familie im ersten Obergeschoss. Das Oberlicht ist farbig und mit floralen Ornamenten bedruckt.

Die Villa Esche habe, so vermerkt van de Velde in seinen Lebenserinnerungen stolz, das gleiche Erstaunen und die gleiche Kritik erregt wie einige Jahre zuvor Haus Bloemenwerf und sei der geglückte Beweis, dass er in der Ruhe Weimars wieder zu seinen Anfängen zurückgefunden habe, nachdem er im Trubel Berlins von seinen einfachen, gesunden Prinzipien leider abgekommen sei. »All das Sensationelle, Spektakuläre – will sagen Gefährliche – war wie durch einen Zauber weggewischt.«[3]

Tatsächlich hat van de Velde das gefährliche Riff allzu schwungvoll-dekorativer Gestaltung bei der Villa Esche erfolgreich umschifft, doch keineswegs war er zu seinen künstlerisch unschuldigen Anfängen zurückgekehrt. War in Haus Bloemenwerf der Grundriss noch offen und von kühner Eigenwilligkeit, wurde er in der Villa Esche konventionell; die Räume sind abgeschlossener, strenger geformt, rechtwinkliger. Ist in Haus Bloemenwerf das Mobiliar noch frisch und einfach, herrscht in der Villa Esche vornehme, auf repräsentative Wirkung bedachte Gediegenheit. Liegt Haus Bloemenwerf noch zutraulich in bebauter Umgebung, eingebettet in das Grün des umgebendenen Gartens, steht die Villa Esche frei in einsamer Höhenlage und wendet der Stadt den Rücken zu.

Von der offenen, unprätentiösen Wohnlichkeit des Hauses Bloemenwerf, das sich selbstbewusst und geradezu missionarisch in der Nachbarschaft präsentiert, ist in der geschlossenen Herrschaftlichkeit der Villa Esche nicht mehr viel zu spüren. Hier wird das Bedürfnis nach Rückzug sichtbar. Der Welt der Niederung wird die reine Höhe vorgezogen, der banalen Gemeinschaft die kultivierte Individualität. Ein Rückzug, wie ihn auch Hofmannsthal in seinem Stück *Der Tod des Tizian* imaginiert. Der verehrte Meister und seine Schüler wohnen hoch über der Stadt. Umgeben von hohen Gittern widmen sie das Leben der Kunst und schließen ihr Reich ahnungsvoll von der dumpfen Welt ab, die Stadt bleibt ferner Hintergrund.. »Darum umgeben Gitter, hohe, schlanke, / Den Garten, den der Meister ließ erbauen, / Darum durch üppig blumendes Geranke / Soll man das Außen ahnen mehr als Schauen (…) Und was die Ferne weise dir verhüllt, / Ist ekelhaft und trüb und schal erfüllt / Von Wesen, die die Schönheit nicht erkennen.«[4]

KULTURHERD WEIMAR

Durch die gemeinsame Arbeit in Weimar wurde die Beziehung zwischen van de Velde und Kessler enger, wenn auch offenbar nie freundschaftlich. Das Verhältnis sei, so van de Velde, zurückhaltend und vorsichtig gewesen. »Der erste Eindruck war der einer tiefen, unüberbrückbaren Distanz.«[1]

Diese Distanz sei während der fast vierzig Jahre dauernden Beziehung nie ganz verschwunden. Sie habe wohl mit der fast übertriebenen Ehrerbietung zu tun gehabt, die Kessler ihm entgegengebracht habe, als einem stets mit Grundproblemen und Grundwahrheiten beschäftigten Mann, dem trotz des geringen Altersunterschieds in bestimmten Kreisen bereits große Aufmerksamkeit geschenkt worden war. »Meine revolutionären Überzeugungen hatten mich seit einigen Jahren in die Arena der künstlerischen Kämpfe geführt. Diese Kampfjahre zählten doppelt und dreifach. Die Bilanz meiner Ideen, meiner Arbeiten und meiner Resultate war wohl gewichtig genug, um einen jungen Menschen, der nach Abschluß seiner Studien am Beginn seiner Laufbahn stand, zu beeindrucken.«[2]

Wodurch die Distanz seitens van de Velde entstand, wird allerdings nicht so ganz klar. Vielleicht waren es die lebhafte Intelligenz, die vornehme Haltung und der Adel, die weltbürgerliche Bildung und die finanziellen Möglichkeiten Kesslers, von denen er sich noch bei der Abfassung seines Lebensberichtes beeindruckt zeigte. Vielleicht war es der unwiderstehliche, von der Mutter geerbte Charme, vielleicht

Stehend von links: Unbekannt, Max von Münchhausen, Gitta und Alfred Walter Heymel, Alfred von Nostitz-Wallwitz, Hugo von Hofmannsthal, Harry Graf Kessler, Henry van de Velde. Sitzend von links: Editha von Münchhausen, Gerty von Hofmannsthal, Helene von Nostitz-Wallwitz

aber auch der autoritäre Zug, den van de Velde bei Kessler glaubte entdeckt zu haben. »Physisch war Kessler von vollendeter Haltung und natürlicher, selbstverständlicher Eleganz. Wohl war er etwas kleiner als der Durchschnitt, aber wohlproportioniert und ohne jede Spur von Korpulenz. Aus einem schönen Gesicht blickten scharfe, leuchtende Augen, die ohne Härte waren; manchmal trat ein autoritärer Zug in Erscheinung.«[3]

Dieser »autoritäre Zug« veranlasste Kessler schon im frühen Stadium ihrer Beziehung, van de Velde die eigenen ästhetischen Vorstellungen nachdrücklich nahezubringen, teils durch gemeinsame Besichtigung von Bauwerken wie dem Naumburger Dom, teils durch direkte Einflussnahme, etwa bei der Buchgestaltung von Nietzsches *Also sprach Zarathustra*, die, so Kessler, unter seiner Anleitung entstanden sei. »Wir arbeiteten so dass ich angab, welche Linien und Maße zu einander in ein ›Schönheits‹ Verhältnis gesetzt werden sollten und dass er dann mit Hülfe des Goldenen Schnittzirkels das Verhältnis ausrechnete.«[4]

Für Kessler war van de Velde wohl weniger Freund, als vielmehr Teil seines Plans, Weimar wieder zu einem deutschen Kulturzentrum zu machen, und seine Bemühung, ihn vor Ort zu etablieren, nicht ganz uneigennützig. Auch Eberhard von Bodenhausen suchte Kessler nach Weimar zu ziehen; er hatte ihn für die Leitung des Großherzoglichen Museums ausersehen. Da die Stelle allerdings noch besetzt war, riet Kessler dem Freund etwas abzuwarten. Als die Begegnung mit dem Großherzog für Bodenhausen, der die Geschäftsführung der Tropon-Werke inzwischen niedergelegt hatte, bis zum Winter 1902 nichts Konkretes ergab, nahm er in Heidelberg das Studium der Kunstgeschichte auf.

Im August 1903 teilte Kessler ihm mit, dass eine Berufung nun möglich scheine, doch nicht als Museumsdirektor, sondern als Privatsekretär des Großherzogs. Allerdings könne sich die Sache noch um weitere 12 bis 18 Monate verzögern, da für den derzeitigen Sekretär ein geeigneter Abschiebeposten gefunden werden müsse. In dieser Zeit könne Bodenhausen ja sein Studium abschließen. Doch Bodenhausen erklärte Kessler, dass ihm der Gedanke an eine Stellung bei Hof nicht sehr sympathisch sei, eine solche wolle er nur annehmen, wenn sie in den Ministerrang erhoben würde. Am liebsten wäre ihm allerdings noch immer die Museumsleitung.[5]

Als Bodenhausen ein halbes Jahr später die Leitung des Frankfurter Städels angetragen wurde, gratulierte ihm Kessler. Dies vereitle zwar seine Absicht, ihn nach Weimar zu holen, doch stünden die Aussichten, dass eine passende Stelle bald frei würde, so schlecht, dass er ihm von Frankfurt nicht abraten könne. Bodenhausen sollte jedoch weder nach Frankfurt noch nach Weimar berufen werden, sondern im Juni 1905, alle Pläne im Kunstbereich begrabend, eine Stellung bei der Deutschen Bank in München annehmen.

Auch wenn es nicht gelungen war, ihn nach Weimar zu holen, versuchte Kessler doch immer wieder, Bodenhausen in seine Unternehmungen einzubinden. So bat er ihn im Dezember 1904, möglichst bald in Jena einen Vortrag über moderne Architektur zu halten. Es stünden dort verschiedene Neubauten an, und ein solcher Vortrag könnte viel dazu beitragen, van de Velde ins Gespräch zu bringen.[6] Bodenhausen lehnte ab. Er sei überhaupt nicht in das Thema moderne Architektur eingearbeitet und sehe keine kurzfristige Möglichkeit für einen solchen Vortrag. »Wer von uns etwas sagt, muss es so sagen, dass es bleiben kann und ich kann mir nicht die Autorität, die ich der Wissenschaft gegenüber mir zu erobern im Begriff bin, durch dilettierende Vorträge wieder zerstören. Das würde, mehr noch als mir, unserer Sache schaden.«[7]

Ihre Sache war, so glaubten die Freunde, in Deutschland eine Epoche neuer Kultur ins Leben zu rufen. Technik und Industrialisierung hätten zu so gründlichen Veränderungen geführt, dass die alten Kultur- und Lebensentwürfe nicht mehr brauchbar schienen. Neue Vorstellungen und Formen müssten entwickelt werden, in deren Mittelpunkt die Philosophie Nietzsches, die neoimpressionistische Kunst und die

Gestaltungen van de Veldes stehen sollten. Träger der neu definierten Kultur wollten sie selbst sein: ein auserwählter Kreis Gleichgesinnter, nach innen durch Freundschaft verbunden, nach außen durch ihre Werke wirkend, die, so Kessler selbstbewusst, »von unermesslicher Bedeutung sein können, wenn wir wirklich das sind, wofür wir uns bis jetzt halten dürfen.«[8]

Sammelpunkt und Prüfstein des Kreises sollte Weimar sein, wo sie hofften, den Großherzog zu einem vergleichbaren Kunstmäzenatentum bewegen zu können, wie es der hessische Großherzog in Darmstadt bereits praktizierte. Unter seiner Schirmherrschaft sollte Weimar zu einem Laboratorium moderner Kultur werden, dessen relevante Positionen durch Gleichgesinnte besetzt und dessen künstlerische Erzeugnisse vorbildhaft für ganz Deutschland werden sollten.

Im Gegensatz zu den Vertretern der deutschen Kunsterziehungsbewegung, die vor allem das Volk im Blick hatten, glaubten die Freunde, diesem könne kein von Natur aus gesunder Geschmack zugesprochen werden, das Schwärmen von einer Volkskultur sei blinde Phantasterei. Wolle man die Gesellschaft reformieren, müsse man zuerst die oberen Stände erziehen, die eine größere ästhetische Sensibilität besäßen. Nur durch das Vorbild der Elite könne es langfristig gelingen, das Volk ebenfalls der Verfeinerung zuzuführen. »Positiv«, so Kessler, »können die unteren Stände Nichts mehr leisten. Auch ihre Geschmacklosigkeit ist nicht positiv, sondern ein Spiegelbild. Sie gucken sie ab von den oberen Ständen.«[9]

Die Idee einer Kulturreform von oben war Nietzsches Diktum verpflichtet, nur in den höheren Schichten der Gesellschaft sei heutzutage eine künstlerische Gemeinde möglich; dem Volk dagegen könne nur ein minderwertiges Kulturbedürfnis, eine Vorliebe für allerschlechteste Kunst zugeschrieben werden. »Wer von tieferm Bedürfnisse, von unausgefülltem Begehren nach Kunst in Beziehung auf das Volk, wie es ist, redet, der faselt oder schwindelt. Seid ehrlich! Nur bei Ausnahme-Menschen gibt es jetzt ein Kunstbedürfnis in hohem Stile.«[10]

»Ausnahme-Menschen« sollten daher nach Weimar gezogen werden, und Kessler schwärmte gegenüber van de Velde, was zwanzig Köpfe der geistigen Elite alles geben könnten, wenn man sie einige Tage in Weimar zusammenbrächte und sie sich allein der Kunst und Kultur widmen ließe. »Wir könnten aus Weimar 15 Tage lang einen Hof der Renaissance machen. Und das ist doch genau das, was man wollte.«[11]

Als erster kam 1903 der Maler Ludwig von Hofmann als Professor an die Weimarer Kunstschule. Auch sein Vater war in den 1880er Jahren in den Adelsstand erhoben worden, auch er war Vorstandsmitglied des *Pan* gewesen. Hofmann, in jenen Jahren ein bekannter und erfolgreicher Künstler, stand mit seiner Malerei für das Zarte, Idyllische, Beglückende in Natur und Menschenleben und zeigte ein heiter beschauliches Arkadien als Zufluchtsort zivilisationsmüder junger Europäer. Seine Motive – Jugend, Frühling, Nacktheit, Badende und Tanzende, Reiter und Pferde – trafen einen Sehnsuchtsnerv der Zeit. Thomas Manns Arbeitszimmer etwa schmückte zeitlebens das Bild *Die Quelle*. Es zeigt drei nackte Jünglinge, die in graziösen Posen an einer Quelle lagern. Thomas Mann gefiel an Hofmanns Kunst vor allem »die hohe, neue, festliche Menschlichkeit«.[12]

Hofmann war von Kessler empfohlen worden, obwohl seine Werke dessen mittlerweile am Neoimpressionismus geschärften Avantgardeanspruch längst nicht mehr standhielten. »Er zeigte mir«, so Kessler, »einige hübsche Skizzen und Märchen und zwei kolossale, sehr schlecht gemalte Darstellungen mit Gottvater, Adam & Eva im Paradies. Ich gab ihm zu verstehen, dass ich die Malerei daran nicht bewunderte.«[13] Van de Velde teilte Kesslers kritische Einschätzung und riet Hofmann, bei den kleinen Pastellen zu bleiben und mit dem Malen »großer Schinken« ganz aufzuhören.[14] Doch beide schätzten Hofmann als gebildeten, musischen Zeitgenossen und treuen Mitstreiter aus Pan-Zeiten.

Hofmann selbst, der zu jener Zeit unentschlossen zwischen Berlin und Rom hin und her pendelte, kam gerne, da er dringend einen Wechsel seiner Verhältnisse wünschte. »Wir überlegten uns schon«, so seine Frau Elli, »ob wir nach Frankreich oder Italien übersiedeln sollten, da kam, im richtigen Moment für Ludwig, eine Berufung nach Weimar an die Kunsthochschule.«[15] Ob diese Berufung auch für die Schüler der Kunstschule zur rechten Zeit kam, ist fraglich, liest man, was Rainer Maria Rilke an ihm besonders auffiel: der »große, nachlässige, müde, naiv scheinende Zug von träumerischer Verschwommenheit«.[16] Auch Ivo Hauptmann, Gerhart Hauptmanns ältester Sohn und Schüler der Kunstschule, war skeptisch: »Ich möchte Hofmann nicht irgendwie kränken, aber wenn er mit hellblauen Augen etwas verstört zur Korrektur hereinkam, hatte man das Gefühl, daß ihm diese Schulwelt ganz fremd war.«[17]

Neben Ludwig von Hofmann kam, allerdings nur besuchsweise, Hugo von Hofmannsthal. Kessler hatte den jungen Dichter als Autor des *Pan* bereits im Mai 1898 in Berlin kennengelernt, ihn mit wichtigen Leuten bekannt gemacht, ihm die Stadt gezeigt, ihn bewirtet, ihm zugehört und damit bereits die Rolle eingenommen, die er für Hofmannsthal auch in Zukunft spielen sollte.

Hofmannsthal sei, so Kessler, ein kleiner lustiger Wiener mit hoher Stimme, durchaus sympathisch, wenn auch etwas affektiert. Er habe wenig angeschaut, dafür fortwährend gesprochen. Er besitze einen scharfen Blick für die oberflächlichen Tiefen des Lebens und drücke sich pointiert und pittoresk aus. Berlin missfalle ihm sehr, da er vermuten müsse, in den Häusern überall Menschen mit viel Geld und wenig Wert zu finden. Wenige Tage später – Hofmannsthal war zum Frühstück bei ihm gewesen – schrieb Kessler, der Dichter sei eitel und ehrgeizig, sein Temperament völlig unrevolutionär. Er halte den Dichter und damit sich selbst für ein ganz besonderes Wesen, von allen anderen durch Abgründe getrennt.[18]

Hofmannsthal seinerseits fand Kessler kultiviert und sehr westeuropäisch, den Kontakt mit ihm so erfreulich aussichtsreich, dass er ihn dringend zu intensivieren suchte. Im März 1899 war er schon einmal für einige Wochen in Berlin gewesen, um mit eigentlichen Deutschen Fühlung aufzunehmen und zu erfahren, wie seine Kunst auf sie wirke. Fast täglich war er in jenen Wochen mit Kessler zusammen, den er sich offensichtlich als eigentlichen Deutschen auserwählt hatte, bis dieser in seinem Tagebuch erschöpft gestand: »Hofmannsthal fällt mir auf die Dauer zur Last; es liegt etwas an seiner Eitelkeit, dass er nie daran denkt, dass er zu lange bleiben kann.«[19]

Hofmannsthal wusste durchaus um seine Aufdringlichkeit, doch, so ließ er Kessler wissen, er könne nicht anders, da er ihn bewundere und seine Anteilnahme ihm so sehr schmeichle. Es liege ihm Kessler gegenüber »eine gewisse, hoffentlich nicht ganz häßliche, Zudringlichkeit viel näher als Zurückhaltung. Der mir kaum recht erklärliche Antheil, den Sie während meines Berliner Aufenthaltes an mir genommen haben, gehört zu meinen liebsten, ich möchte hinzusetzen geheimnisvollsten Erinnerungen. Es ist mir wahrscheinlich zum ersten Mal im Leben da eine gewisse persönliche Superiorität vereint mit wirklicher Cultur entgegengetreten.«[20]

Eindringlich bemühte sich Hofmannsthal weiter um Kessler, der sich anfangs bedeckt hielt. Erst als Kessler in Weimar das von Goethe einst ins Leben gerufene Naturtheater im Park von Belvedere wieder zum Leben erwecken und durch Dilettanten der Hofgesellschaft kleinere Stücke aufführen lassen wollte, warb er um Hofmannsthal. Dieser war nicht abgeneigt. »So oft Sie es passend finden werden, mich in die Kreise, die Sie ziehen, hineinzuführen, so werden Sie mich bereit finden und wohin Sie mich rufen werden, dorthin werde ich kommen, so bereitwillig und begierig, als wenn mir verheißen wäre, daß dort sich von einer der Ideen, die unserem verworrenen Dasein zu Grunde liegen, der Schleier heben müsse.«[21]

Als Hofmannsthal, der sich Hoffnungen machte, als Theaterdirektor nach Weimar berufen zu werden, Ende August 1903 schließlich kam, zeigte ihm Kessler den historisch bedeutsamen Ort. Er missfiel. Es fehle ihm jeglicher Charme der Natur. Für seine Pastorale, die er durchaus schreiben wolle, müsse dringend eine andere Stelle gefunden werden, im Park irgendwo. Er stelle sich eine Art Schäferspiel vor, das man im Sommer spielen könne, mit Sonnenuntergang, Mondlicht, Fackeln und Musik, um damit eine ganz unerwartet entzückende Stunde zu verbringen. Es könne recht schön werden. Doch niemals würde er zustimmen, den *Tod des Tizian* hier aufzuführen, wie Kessler vorschlage. Eine Aufführung eines seiner Stücke sei überhaupt nur denkbar, wenn »ein Regisseur von dämonischer Überlegenheit gerade aus der schauspielerischen Nullität (...) einen Vortheil zöge«, aber gar nicht bei diesem Stück.[22]

Kessler, in dessen Gästezimmer Hofmannsthal wohnte, befremdeten die Eigenarten seines Gastes, wie die wenig freundlichen Einträge in seinem Tagebuch verraten. Hofmannsthal sei spät aufgestanden und habe über Rückenschmerzen geklagt. Er habe sich Weimar ganz anders vorgestellt. Die Leute schienen ihm alle grotesk wie Figuren aus einem bösen Traum. Die Zimmer kämen ihm klein und niedrig vor. Er meine dies nicht böse, er sei nur offen als Zeichen seiner Freundschaft. Dabei sei Hofmannsthal immer wieder im Zimmer auf- und abgegangen und habe sich unendlich wichtig genommen. Er sehne sich, so habe er mehrfach gesagt, nach einem Erfolg, auch pekuniär, seine Verhältnisse seien so eng.[23]

Hofmannsthals Leiden dauerten die nächsten Tage an. Er fahre fort, krank zu sein und Schinken, überhaupt beunruhigend viel zu essen. Er sei aber weniger übel gelaunt und unterhalte sich gern, am liebsten über sich selbst. Immer wieder sei er auf seinen Wunsch zurückgekommen, Geld zu verdienen, auf seine Sehnsucht, Geld zu haben. Er scheine fortwährend nur daran zu denken. Kessler fragte sich erstaunt, wie ein solches Hirn solche Poesie produzieren könne, und war erst versöhnt, als Hofmannsthal im Salon der Großherzoginmutter *Das kleine Welttheater* las. Er glaubte nichts Vergleichbares je gehört zu haben. »Ich fuhr gestärkt und gehoben mit Vandevelde durch die Sternennacht nachhause.«[24]

Hofmannsthal verließ Weimar voller Erwartung. Geschmeichelt und einschmeichelnd zugleich warb er in den folgenden Briefen unermüdlich um die Gunst des verehrten Mäzens. »Ich bin so glücklich, einige Zeilen von Dir zu haben. Die ganzen Tage dachte ich oft an Dich, mit einer quälenden unbestimmten Unruhe, fand es aber aufdringlich, Dir schon wieder zu schreiben. Manchmal habe ich das, bei niemandem aber so stark wie Dir gegenüber, diese seltsame Unruhe und Angst, wenn ich von Dir nichts höre, nicht weiß wo Du bist, was Dich beschäftigt. Und dann ist es so schön, zu hören, daß Du indessen etwas von mir gelesen hast, daß es Dir nicht mißfallen hat, daß es Dich für Viertelstunden gezwungen hat an mich zu denken, mit mir zu denken.«[25]

Doch Hofmannsthals leidenschaftliche Erwartung, sich und seine geistige wie materielle Existenz soweit wie möglich mit Kessler verknüpft zu sehen, sollte sich vorerst nicht erfüllen, zumindest nicht in Weimar, und es waren nicht nur die Weimarer Verhältnisse, die das verhinderten. Der Umgang mit dem jungen Genie war wohl zu schwierig. Kessler hielt ihn für »bis zur Komik egoistisch.«[26] Van de Velde meinte, selbst für intime Freunde sei der wirkliche Zugang zu ihm nicht leicht gewesen. Man habe nie gewusst, ob man gelegen komme. Vielleicht sei der frühe Ruhm ein zu schweres Gewicht für seine jungen Schultern gewesen.[27]

Nach dem Dichterprinz kam im Dezember 1905 der Dichterfürst: Gerhart Hauptmann. Hauptmann hatte mit seinen Stücken schon in den frühen 1890er Jahren in Berlin für Furore gesorgt und in den Kreisen der Opposition gegen die offizielle Kulturpolitik endgültig reüssiert, als Wilhelm II. 1893 nach der Aufführung der *Weber* die königliche Loge im Deutschen Theater aufkündigte. Hauptmann, auch er wohnte bei Kessler, las vor auserwählter Runde bei Hof über zwei Stunden aus seinem neuesten Stück. »Es war«, so berichtete van de Velde, »ein langer Monolog; wir hingen buchstäblich an seinen Lippen, bis uns der Hufschlag der Pferde und das Erscheinen der Lakaien daran erinnerten, daß wir Abschied zu nehmen hatten.«[28]

Hauptmanns Besuche in Weimar galten wohl vor allem dem Sohn Ivo und dem Freund Ludwig von Hofmann, doch er kam auch, um Momente zu erleben, »wo Geistige aus verschiedenen Weltgegenden einander begegnen, sich berühren und beleben.«[29] Er freute sich, hier einen aufgeschlossenen geistigen Kreis zu finden: Hofmannsthal, Kessler, van de Velde »und einige warm interessierte Frauen.«[30]

Während um Hofmannsthal und Hauptmann geworben wurde, strebten andere aus eigenem Antrieb nach Weimar. Die Verlockung, hier einen offiziellen Wirkungskreis zu finden, war groß, und immer waren es das Theater und das Museum, die das Interesse weckten. So kam der Schriftsteller Richard Dehmel mit Frau Ida, das berühmte Liebespaar, von Dehmel in der Romanromanze *Zwei Menschen* lebensnah, wenn auch etwas ekstatisch geschildert. Van de Velde schildert Dehmel als »nordischen Gentleman-Bauer« und Ida als »sehr schwarz, von ausgesprochen beduinisch-semitischem Aussehen, immer mit schwerem, leuchtendem Schmuck.« Er habe sie eingeladen, einmal nach Weimar zu kommen, um zu erproben, ob wohl ein dauernder Aufenthalt möglich sei, doch bald Bedenken gehabt, »ob das Paar wirklich in unseren Kreis passen würde. In unseren Kreis, der gestimmt war wie ein Orchester im Augenblick, in dem der Dirigent am Pult erscheint.«[31]

Auch Ida Dehmel spürte, was sie vom Weimarer Kreis trennte. Sie gestand ihrer Schwester, von Kesslers Wohnung zwar begeistert zu sein, aber in solcher Stilreinheit nicht leben zu können. »Natürlich von van de Velde eingerichtet und tadellos im Geschmack (...) Ich könnte nicht drin wohnen. Alles ist ganz hell, weiß, hellgrau u. Fraisefarben, und Alles einfarbig.«[33] Zudem schien ihr der repräsentative Aufwand, der in Weimar getrieben wurde, weit über den eigenen Möglichkeiten zu liegen. »Wir könnten nur dann nach Weimar ziehn, wenn D eine ganz besondre u. sehr gut dotierte Stellung dort bekäme. Sonst könnten wir weder den Kleider- noch Eß- noch Wohnungs- noch Verkehrsluxus mitmachen, der dort herrscht, u. den wir aus Repräsentationsgründen nicht fehlen lassen wollten.«[32]

Nach Weimar drängte auch Alfred Walter Heymel, der sich um die Kosten keine Gedanken machen musste, vielmehr mit Geld für sich warb. Er machte im Juni 1905 dem Weimarer Staatsministerium eine Schenkung in Höhe von 50000 Mark für Ankäufe des Museums. Als sich nichts weiter daraus ergab, wurde er unruhig und wandte sich an Kessler. Wie es wohl werden würde mit Weimar? Ob sich Erwartungen erfüllten und sie endlich zusammenkämen? Doch Kessler hatte wenig Hoffnung für ihn.

Lesesaal des Nietzsche-Archivs, Weimar 1903

MITTELPUNKT GEISTIGER MENSCHEN

Treffpunkt des Weimarer Kreises war neben dem Salon der Großherzoginmutter, den Wohnungen Kesslers und van de Veldes vor allem die Villa Silberblick, die eine Verehrerin Nietzsches 1897 erworben und Elisabeth Förster-Nietzsche kostenlos zur Verfügung gestellt hatte. Im Erdgeschoss befand sich das Archiv, in den oberen Stockwerken wohnte die Archivleiterin, in den ersten Jahren zusammen mit ihrem kranken Bruder.

Als Elisabeth Förster-Nietzsche allerdings, ohne die Zustimmung der Eigentümerin einzuholen, eine zweistöckige Veranda anbauen ließ, machte diese ihr heftige Vorwürfe. Sie sei vernarrt in Prunk und Bequemlichkeit, statt sparsam und anspruchslos für den Kranken zu sorgen und seinem Werk ein dauerhaftes Asyl zu schaffen. Und in der Tat beschäftigte Elisabeth nicht wenig Personal – eine Köchin, ein Dienstmädchen, einen Privatsekretär, zwei Gärtner, vier Redakteure – und fuhr in Equipage mit Kutscher und Diener in Livree durch die Stadt, was Hofmannsthal zu der Bemerkung inspirierte: »Wie angenehm es für diese Dame sein muß, einen solchen Bruder zu haben – besonders jetzt, wo er tot ist.«[1]

Nach weiteren Querelen kaufte Elisabeth Förster-Nietzsche 1902 die Villa, die Darlehen besorgte ihr Kessler, und ließ sie, was Kessler für unabdingbar hielt, von van de Velde grundlegend umbauen. Denn Kessler hatte schon bei seinem ersten Besuch die fehlende Stilsicherheit der Hausherrin bemängelt. Das Haus sei wohlhabend, aber ohne Rücksicht auf die raffinierteren Kulturbedürfnisse eingerichtet. Rote Samtmöbel, Familienfotografien, Stickereien, Indianer-Majoliken aus Paraguay, alles durcheinander und ohne die Absicht, einen ästhetischen Gesamteindruck zu erzielen. Für den Umbau, der mit 43 000 Mark mehr kostete als der Erwerb des Hauses, stellte Alfred Walter Heymel – einmal mehr der großzügige Millionenerbe – 50 000 Mark als Hypothek zur Verfügung.

Das Haus wurde schnell zum neuen Weimarer Treffpunkt. Im neu gestalteten Lesesaal hielt Frau Förster-Nietzsche als Hausherrin Hof und machte, auf einem Sofa thronend, die Honneurs. »Allwöchentlich war ein ›jour fixe‹«, so berichtet ein Zeitgenosse, »ein Nachmittag, an dem die Frau des Hauses ihre Freunde empfing, sie mit auswärtigen Gästen von Bedeutung bekannt machte oder, in stillen besuchsarmen Zeiten, mit den Getreuen allein hofhielt.«[2]

Die Atmosphäre des Lesesaals wird vom gedämpften Farbton des Buchenholzes und der fraisefarbenen Stoffe bestimmt. Das Sofa steht mittig an einer halbhoch getäfelten Wand des lang gezogenen Raumes, flankiert auf beiden Seiten von zwei leicht zur Seite gedrehten Sesseln. Die Sitzgruppe ist in die Wandverkleidung aus poliertem Buchenholz eingebaut. Zwei kleine Vitrinenschränke hinter den Sesseln sind mit dem leicht geschwungenen, verglasten Vitrinenfeld über dem Sofa verbunden. Sie dienen der Ausstellung von Bildern und Handschriften. Bücherregale mit teilweise geschlossenen Unterschränken nehmen die übrigen Wände ein, unterbrochen von verglasten Schränken und von einem stattlichen Kamin aus Messing, über dem ein goldfarbenes N in einem Kreis daran erinnert, wem dieser Raum geweiht ist. Das von van de Velde entworfene Signet zierte – ein frühes Beispiel von *corporate identity* – auch die für Besucher ausliegenden Zündholzschachteln. Dem Arbeits- und Lesetisch mit sechs Stühlen am einen Ende des Raumes korrespondiert am anderen, auf einem einstufigen Podest, eine Nietzschebüste aus griechischem Marmor von Max Klinger, eine Leihgabe Kesslers.

Im Lesesaal drücke sich, so Helene von Nostitz, wie in allen Räumen van de Veldes eine ernste Kraft aus, und doch bleibe der Ernst ohne Schwere; Weltluft und Bescheidenheit seien immer zu spüren. Seine ganz eigene Bedeutung gewinne der Raum, wenn die Sonne beim Untergehen einen rosa Strahl auf Nietzsches Büste und das helle, schimmernde Holz werfe.[3]

Um sich auf die Arbeit einzustimmen, will van de Velde intensiv in Nietzsches Schriften gelesen, zumindest geblättert haben. Dabei hat er wohl einige Inspiration gefunden, denn das Archiv erschien vielen Zeitgenossen als eine seiner besten Arbeiten. Im Nietzsche-Archiv habe van de Velde, so der Kunstkritiker Hans Rosenhagen, eine positive Entwicklung genommen. Der Raum erinnere durch den ruhigen Ernst an seine Bedeutung, ohne etwas aufdringlich Sakrales zu haben. »Seine Arbeiten haben, ohne Einbuße an Originalität, alles Provokante, alles Barocke verloren. Der Künstler ist zu einer schlichten, vornehmen und heiteren Schönheit gekommen, die fast an die Antike gemahnt, durch Klarheit der Absicht und Reinheit des Ausdrucks.«[4]

Auch Kesslers Ausstellungen modernster Kunst im neuen Museum für Kunst und Kunsthandwerk fanden weite Beachtung. Zudem war es ihm am 16. November 1903 gelungen, in den Räumen des Museums den Deutschen Künstlerbund als Gegenstück zum staatlich reglementierten Kunstbetrieb ins Leben zu rufen. Und so konnte er im November 1905, nicht ganz zwei Jahre nach seinem Amtseintritt, eine erfreuliche Bilanz ziehen: Vizepräsident des Deutschen Künstlerbunds, Direktor des Museums für Kunst und Kunsthandwerk, Berater des Nietzsche-Archivs, Verbindungen zu Max Reinhardt und seinem Theater, zu Hofmannsthal und van de Velde und anderen führenden Künstlern und Kulturschaffenden, zu den beiden einflussreichen Zeitschriften *Zukunft* und *Neue Rundschau*, zur besten Berliner Gesellschaft, zum Garderegiment, und er notierte befriedigt: »Die Bilanz ist ziemlich überraschend, und wohl einzig. Niemand anders in Deutschland hat eine so starke, nach so vielen Seiten reichende Stellung.«[5]

Doch je größer und einflussreicher der Kreis um Kessler und van de Velde wurde, umso häufiger erregte er nun auch Anstoß. Als im November 1903 van de Velde, Kessler und Hofmann beim Großherzog die Petition einreichten, die hässliche Gartenmauer des Goethehauses niederzureißen und durch ein Eisengitter zu ersetzen, erhob sich angesichts dieser Pietätlosigkeit scharfer Protest. Es kam, so van de Velde, zu einer kleinlichen, gehässigen Kampagne, die nicht nur in den Lokalblättern ausgetragen wurde, sondern bis in die überregionalen Witzblätter gelangte. Auch Gerhart Hauptmann war, wie er seinem Freund Hofmann mitteilte, für den Erhalt der Mauer. Ob sie nun wirklich aus der Goethezeit stamme oder jüngeren Datums sei, sie sei doch ehrwürdig genug, dass Hofmann seine »mauerblockschleudernde« Gesinnung aufgeben sollte. Der von der Kampagne schon reichlich entnervte Hofmann schrieb zurück, er hoffe inzwischen selbst, die Mauer möge stehen bleiben, da sie verglichen mit der allgemeinen Entrüstung das kleinere Übel sei.[6]

Der Trubel um die Mauer legte sich zwar, doch van de Veldes Ruf in Deutschland wurde durch diese Affäre weiter beschädigt. Schon 1902 war er öffentlich vom Kaiser brüskiert worden, als er mit seinen neuesten Arbeiten an der Düsseldorfer Industrieausstellung teilgenommen hatte und wie alle ausstellenden Künstler zum Besuch des Kaisers geladen worden war. Als Wilhelm II. in den Raum kam, der van de Veldes Arbeiten enthielt, blieb er stehen, »warf einen erzürnten Blick in den Saal, machte kehrt, wendete sich seiner Suite und der nachfolgenden Menge zu und erklärte mit schneidender, weithin verständlicher Stimme: ›Nein, nein, meine Herren, ich verzichte darauf, seekrank zu werden.‹«[7]

Die Nachricht vom kaiserlichen Affront ging durch die gesamte deutsche Presse, man munkelte bereits, van de Velde werde Weimar und Deutschland demnächst für immer verlassen. Doch er blieb, wenn auch die Wunde, die er damals erlitten habe, wie er in seinen Erinnerungen schreibt, nie ganz vernarbt sei.

Bald kehrte sich die Stimmung in Weimar auch gegen Kessler. Seine häufige Abwesenheit wurde tadelnd vermerkt und die internationale Ausrichtung seiner Ausstellungstätigkeit bemängelt. Doch der Graf ließ sich durch die Äußerungen der Weimarer »Kleinheitsprodukte« nicht beirren. Weimar war zwar in jenen Jahren der häufigste Treffpunkt des Kreises, doch keineswegs der wichtigste. Die Freunde waren viel in der Welt unterwegs. Fast schien es, als würden sie, je immobiler ihre von Bücherregalen umbauten Sofas und ihre in Wandverkleidungen eingelassenen Bilder wurden, selbst umso mobiler. Ihnen eignete ein rasantes Lebenstempo, und was Karl Scheffler über einen von ihnen schrieb, mag für alle gelten: »Sein Tempo war aufregend, er schien wie zwischen Ankunft und Abfahrt von Eilzügen zu leben, um ihn war eine Stimmung von Betrieb in einem nicht gemeinen Sinne.«[8]

Die Freunde reisten nach Griechenland, trafen sich in Rom, Florenz, Berlin, Paris, London, und immer wieder auch zwischen Weihnachten und Neujahr auf Schloss Neubeuern in Oberbayern, bei den Gastgeberinnen Julie von Wendelstadt und Ottonie von Degenfeld, den Schwägerinnen Bodenhausens. Die Neujahrstreffen verliefen ungezwungen. Nach einem gemeinsamen Frühstück trennten sich die Wege, bis man abends am Kamin in der Halle wieder zusammenfand. Theaterstücke wurden aufgeführt, Bodenhausen spielte Klavier, im Gästebuch wurde gemalt und gedichtet. Während des Jahreswechsels 1911/12 kam es zum legendären Wendelstein-Abstieg in leicht trunkener Verfassung. Auch er wurde, etwas schlichter als es der Rang der anwesenden Dichter erwarten ließ, im Gästebuch festgehalten. »Doch was sollen meine Klagen / Von dem Dichter Schröder sagen? / Blau und violett von Wangen, / Tut er wanken, straucheln, hangen, / Bis ihn Henry engelsgut / Und von Nostitz stützen tut. / Muse decke deinen Schleier, / Muse dämpfe deine Leier, / Sprich es nur zum Schluß noch aus: / Alle kamen gut nach Haus, / Wünschten sich ein ›Prost Neujahr‹ / Nach bestandener Gefahr.«[9]

Wie Alfred Walter Heymel gehörte auch Rudolf Alexander Schröder zum engeren Freundeskreis, nachdem er im Februar 1900 in München auf Empfehlung Meier-Graefes Hofmannsthal kennengelernt hatte und schon bald dessen Freund geworden war. Schröder arbeitete nach seiner Aufsehen erregenden Ausstattung der Heymelschen Wohnung in München weiter als Architekt und Inneneinrichter, was von den Freunden, die in ihm vorrangig den Dichter sahen, nicht besonders ernst genommen wurde, auch von ihm selbst nicht, sah er doch in dieser Tätigkeit nur den Broterwerb und nannte sie seinen »Beruf zur linken Hand«[10]. »Ein wunderliches Geschöpf!« kommentierte Hofmannsthal in einem Brief an Kessler Schröders Neigung, »ist nun bald 30 Jahre alt! und bemalt die Nachttischchen alter Senatorenfrauen mit Rosen!«[11]

Um Schröder für die dichterische Produktion freizusetzen, entwickelte Kessler gemeinsam mit Heymel im September 1906 einen Finanzierungsplan. Zehn bis zwölf Personen sollten über sechs Jahre je 400 Mark spenden, damit Schröder während dieser Zeit in Ruhe die Werke Homers und Shakespeares neu übersetzen könnte.[12] Schröder nahm das Angebot an, gab seinen Brotberuf aber nicht auf, sondern entwarf weiterhin luxuriöse Interieurs, Stadtvillen und Landhäuser in seiner Heimatstadt Bremen. Als Kessler im Dezember 1905 gemeinsam mit Heymel ein solches Interieur besichtigte, gefiel es ihnen sehr, auch wenn ein zwiespältiger Gesamteindruck blieb, was sie auf Schröders Affinität zu Knaben einerseits und die biederen Anschauungen des Bremer Patriziers andererseits zurückführten. »Überall Rosen und Impotenz, aber ein gewisses Maß.«[13]

KULTUS DER SCHÖNHEIT

Ein gewisses Maß einzuhalten, galt Kessler und den Freunden als Zeichen eines besonderen Stilwillens und Ausweis geistiger Führerschaft. Dieses Maß zu definieren, sei Aufgabe eines neuen Typus des Geistigen, der »vornehmen Seele«, wie ihn Nietzsche gefordert und selbst, wie sie fanden, verkörpert hatte. »Nicht seine Philosophie und nicht einmal seine dichterische Kraft sind an ihm die Hauptsache, sondern der Mensch, der in seinen Neigungen und Abneigungen, in seinem Streben und in seinen Träumen der Ausdruck einer neuen Art, der Typus des geistig Vornehmen aber nervös Zerrütteten im Kampfe mit der steigenden Demokratisierung ist.«[1]

Die Neigungen dieses neuen Typus gälten, so Kessler, der Kunst. Denn nicht mehr die Wahrheiten von Religion, Wissenschaft und Technik überzeugten die »vornehme Seele«, sondern allein die Schönheit des Kunstwerks – und auch hier folgte er Nietzsche, der 1888 geschrieben hatte: »Wir haben die Kunst damit wir nicht an der Wahrheit zugrunde gehen.«[2] Die Kunst, die bislang nur der Belehrung oder Zerstreuung gedient habe, werde, so Kessler, zur neuen Sinnstifterin des Lebens und die Verbindung der Kunst mit dem Leben zum einzig möglichen höheren Daseinsentwurf. Den neuen Menschen sei aufgegeben, den Kultus der Schönheit zu pflegen, »den Kultus dessen, was ihnen Schönheit ist: die momentane Vollendung ihres Ichs.«[3]

Diese sei nur durch eine Stilisierung aller Lebensbereiche zu erreichen, durch eine Kultiviertheit, die sich nicht nur für Helden und

Heldenmomente, sondern für jede Lebenslage eigne. Der Deutsche, so Kessler, sei immer nur Ausnahmen und metaphysischen Fragen gewachsen, nie aber den alltäglichen Anforderungen, denn wenn er esse oder sich einrichte, schaffe er es fast nie, keinen Anstoß zu erregen oder das Nützliche zu finden.

Als Kessler 1902 den Philosophen und Soziologen Georg Simmel aufsuchte, glaubte er einen grundlegenden Unterschied zwischen sich und ihm zu erkennen. Die Einrichtung der Wohnung zeige, dass Simmel die Kunst noch immer als *l'art pour l'art* betrachte und darauf verzichte, das Leben selbst künstlerisch zu gestalten. So wohne er denn »als Barbar ohne es zu wissen, in einer düsteren Spiessbürger-Einrichtung, die durch einige gute Photographien und japanische Holzschnitte allerdings etwas, aber nicht wesentlich gehoben wird.«[4]

In der Tat war Simmel ein praktizierender Gegner des »künstlerischen« Kunstgewerbes. Ein Stuhl, so meinte er, sei da, um auf ihm zu sitzen, ein Glas, um daraus zu trinken. Strebten diese Dinge in erster Linie danach, Kunstwerke zu sein, und erst in zweiter, einen Zweck zu erfüllen, führe dies zu einem karikierenden Missverhältnis, denn sie hätten bloß den »dienstfertigen Hintergrund des täglichen Lebens« zu bilden. »In seinen Zimmern«, so Simmel, »ist der Mensch die Hauptsache, sozusagen die Pointe.«[5]

Doch Simmel war offensichtlich nicht die Pointe, die Kessler zu überzeugen vermochte. Ein Mann, so lautete sein vernichtendes Urteil, der eine solche Umgebung nicht nur ertrage, sondern gut finde, stehe an einem ganz anderen Punkt des Weges zu einer neuen Kultur als er selbst. Er müsse sich daher fragen, ob es überhaupt möglich sei, gemeinsam etwas zu bewirken, oder ob einer wie Simmel ihn nur aufhalte.[6]

Als Kessler Richard Dehmel kennenlernte, war er von dessen Geschmack ebenfalls unangenehm berührt. Doch Dehmel war im Gegensatz zu Simmel lernwillig, denn als Kessler ihn einige Jahre später in Hamburg besuchte, konnte er feststellen, dass Dehmels Wohnung nun ruhig und hell sei und sehr gewonnen habe. Es habe wohl aufgrund der neuen kunstgewerblichen Bewegungen zwischenzeitlich, und zwar nicht nur bei Dehmel, ein kultureller Umschwung stattgefunden. »Die ›gute Stube‹, in der ich Dehmel noch in Pankow gekannt habe, liegt unberechenbar fern. So weit sind wir also wenigstens schon in Deutschland. Das Symptom eines überraschenden Erfolgs in den wenigen Jahren, seitdem der Umschwung begonnen hat.«[7]

Dehmel hatte sich ästhetisch erfolgreich assimiliert. Seine 1902 bezogene Wohnung in der Parkstraße in Blankenese hatte er im neuen Stil eingerichtet, die Möbel, da van de Velde wegen seiner Auseinandersetzung mit Hirschwald gerade nicht zur Verfügung stand, selbst entworfen und von einem Hamburger Fabrikanten anfertigen lassen. Sein Entwurf orientierte sich dabei an den Arbeiten van de Veldes und seines Freundes Peter Behrens. Der Schreibtisch besitzt eine geschwungene Arbeitsplatte, die Möbel in Herrenzimmer und Salon sind schwarz gebeizt, die im Speisezimmer weiß lackiert. Das Sofa ist in das Bücherregal eingebaut, van de Veldes Blütenleuchten aus glänzendem Messing hängen an den Decken, Zeichnungen Max Liebermanns und Gemälde Ludwig von Hofmanns an den Wänden, Besteck und Gläser stammen von Peter Behrens.

Angenehm berührt war Kessler auch, als er 1908 Rilke in Paris besuchte. Rilke bewohnte zwei Zimmer in einem Palais in der Rue de Varenne, das dem Prinzen Biron gehört hatte, bevor es zum Kloster für die Nonnen von Sacré Cœur umgebaut worden war, und die Einrichtung der Zimmer entsprach in ihrer Einheitlichkeit und weihevollen Stimmung dem Kanon des Kreises. Rilke arbeite, so Kessler, in einem hohen runden Eckraum im Parterre mit Blick auf einen großen Garten. Es sei »in seiner etwas majestätischen Vornehmheit und Verlassenheit ein Raum, in dem man sich Hofmannsthals *Thor und Tod* denken könnte. Rilke hat einige Empire Stühle und einen grossen alten Barocktisch als Arbeitstisch hineingestellt; auch einige Konsolen, auf denen Schüsseln mit schönen reifen Früchten und Blumen stehen.

Eine Büste von seiner Frau steht vor dem Gartenfenster. Sonst ist Alles leer, aber infolge der schönen Proportionen und des schönen Lichts nicht kalt.«[8]

Dem Streben nach alltäglicher Vollendung fühlte sich auch Kessler verpflichtet. »Harry«, so van de Velde, »bereitete jeden Lunch, jeden Tee mit größter Überlegung und Feingefühl vor. Wie ein kluger und erfahrener Regisseur ließ er diese Zusammenkünfte nach einem wohlaufgebauten Programm ablaufen, bei dem es keinem der Teilnehmer zu Bewußtsein kam, daß er gleichsam als Schauspieler mitwirkte. Alles ging nach einem Zeremoniell vor sich, in dem jedes falsche Wort, jede falsche Geste die Atmosphäre wie eine Beleidigung verdorben hätte.«[9] Suche man, so van de Velde, in der Literatur nach verwandten Gestalten, käme man auf Oscar Wildes Dorian Gray oder Joris-Karl Huysmans' Jean Floressas Des Esseintes, den Helden des Romans *Gegen den Strich*.

Der mit Des Esseintes verglichene Kessler hatte, wie sich seinem Tagebuch entnehmen lässt, Huysmans' Roman zwar gelesen, ihm aber eine fatale Verbindung von glänzendem Stil und törichtem Inhalt bescheinigt. Große Teile seien parvenühaft theatralisch und Des Esseintes ein Monstrum. »Niemand könnte alle diese perversen Neigungen haben und doch weiterleben; aber die eine oder die andre haben heute die meisten Hypergebildeten.«[10]

Auch Kessler und seine Freunde waren keineswegs frei von der einen oder anderen Neigung des Huysmanschen Helden, der in einer eigenhändig durchstilisierten Welt lebt, die Nüchternheit des bürgerlichen Lebens verabscheut und dem Ideal eines höheren Lebenssinns huldigt. Wie Des Esseintes sammelten sie eigens gefertigte Bücher, handgeschöpft, handgepresst, mit von Künstlern entworfenen Schriften und Signets. Schon der *Pan* war ein Luxusprodukt im Großformat auf kostbarem Papier mit grafisch opulenter Ausstattung. Die von Kessler angeregte Insel-Ausgabe deutscher Klassiker wurde nach englischem Vorbild auf Dünndruckpapier und mit Ledereinband anspruchsvoll, wenn auch einigermaßen erschwinglich ausgestattet. Waren diese Bücher noch Gebrauchsbücher mit einer größeren Auflage, wandte sich Kessler bald der Herstellung limitierter Luxuseditionen zu. Die 1912 von ihm in Weimar gegründete Cranach-Presse, für die eigene Schrifttypen und Papiersorten geschaffen wurden, druckte nur bibliophile Ausgaben in kleinster Stückzahl.

Wie Des Esseintes suchten die Freunde auch ihr Heim als erlesenen Ort zu gestalten, an dem sie Seelenruhe und Zuflucht vor den Zumutungen einer Zeit fortschreitender Technisierung und Urbanisierung zu finden hofften. Sie strebten nach Harmonie und Heiterkeit, die sie im lauten und geschäftigen Getriebe ihrer Zeit vermissten. Sie verlangten, so van de Velde, nach »Gefühlen und Empfindungen, die unsere bis zum Übermaß verbrauchten Nerven wieder stärken könnten, die durch ein ungeordnetes mehr als durch ein überanstrengtes Leben zerrüttet sind.«[11]

Sie bauten sich diese Zuflucht als »Welt in die Welt« hinein, so Hofmannsthal, auch wenn sie um ihre Künstlichkeit wussten. »Ich glaube immer noch, daß ich im Stand sein werde, mir meine Welt in die Welt hineinzubauen (...) Es handelt sich freilich immer nur darum ringsum an den Grenzen des Gesichtskreises Potemkin'sche Dörfer aufzustellen, aber solche an die man selber glaubt. Und dazu gehört ein Centrumsgefühl, ein Gefühl von Herrschaftlichkeit und Abhängigkeit, ein starkes Spüren der Vergangenheit und der unendlichen gegenseitigen Durchdringung aller Dinge.«[12]

Die Welt in der Welt sollte im Gegensatz zur wirklichen Welt, die immer mehr in Fragmente zu zerfallen schien, ein vorbildliches Ganzes sein, von geschlossener Form und einheitlichem Stil – alles bis ins Detail festgelegt und mit allem gegenseitig verbunden. Innerhalb der Kulissen dieser inneren Welt wollte man der äußeren Welt ein Schauspiel geben und die Szenen des eigenen Lebens täglich neu aufführen, vor einem Publikum, das sich aus Gleichgesinnten zusammensetzte.

Eine Welt dieser Art wurde die Wiesbadener Wohnung Curt von Mutzenbechers, die van de Velde 1903 einzurichten begann. Mutzenbecher, mit Kessler und Bodenhausen seit dem gemeinsamen Jurastudium in Bonn befreundet und wie sie Mitglied der Genossenschaft des *Pan*, entstammte wie Kessler einer wohlhabenden Kaufmannsfamilie, die vor nicht allzu langer Zeit geadelt worden war. Nach einem etwas unentschiedenen Lebenslauf – Jurastudium, Militärlaufbahn, Studium der Chemie und der Theologie – war Mutzenbecher schließlich zum Theater gegangen und 1903 stellvertretender Intendant des Wiesbadener Hoftheaters geworden.

Zur Einweihung des Salons, dem ersten vollendeten Raum, kamen im Dezember 1904 die Freunde eigens nach Wiesbaden angereist. Auch in diesem Raum waren die Bilder, die Mutzenbecher auf Wunsch van de Veldes bei Théo van Rysselberghe in Auftrag gegeben hatte, sorgsam in die Wandvertäfelung eingelassen und passten sich der Gesamtwirkung ein. So einheitlich geschlossen war der Raum gestaltet, dass Mutzenbecher, als er Rysselberghe beauftragte, seine Mutter zu malen, bat, das Bild, das er ebenfalls im Salon aufhängen wollte, in Farbe und Konzeption auf die Einrichtung abzustimmen.

Während Rysselberghe auf den Wunsch Mutzenbechers widerspruchslos einging, taten sich andere Künstler schwer damit, ihre Werke wie Dekorationselemente der Raumgestaltung unterzuordnen. Maurice Denis, der die Bilder für das Musikzimmer liefern sollte, glaubte, mit seinen Gemälden über die kompletten Wände verfügen zu können. Stattdessen plante van de Velde wie üblich eine Vertäfelung, in die er die Bilder einfügen wollte. Denis malte schließlich fünf kleine, aufeinander abgestimmte Bilder in hellen Farbtönen, *L'éternel été*, und war, als er die Wohnung Mutzenbechers nach der Fertigstellung besichtigte, ziemlich enttäuscht. Die dunkle Holzvertäfelung erdrücke seine hellen Gemälde und die strenge Einrichtung kontrastiere die von ihm angestrebte Leichtigkeit unangenehm.

Karl Ernst Osthaus hingegen war vom Zusammenklang der Künste, der Farben und Materialien einmal mehr begeistert: »Poliertes Zitronenholz, ein Fries eingelassener Bilder von Maurice Denis in Blau,

Grün und Rosa, ein Kamin aus hellbraunem Marmor, viel Messing und weißer Stuck schufen einen Klang, in den als einzige dunkle Note die Bronzefigur einer Knieenden von Maillol einstimmte. Es war eine Stimmung von weichem, elysischem Reiz. Der die Figur tragende Kamin stand der Tür gegenüber, beide bezogen die Hälften des Raumes in strenger Symmetrie auf sich. Stuck, Holz und Messing spielten in einer Weise, die Veldes neoimpressionistische Vergangenheit in die Erinnerung rief, sehr eigentümlich ineinander.«[13]

Beim Ankauf der Bilder wurde Mutzenbecher von Kessler und Bodenhausen freundschaftlich unterstützt. Im September 1903 kaufte ihm Kessler in Paris ein erstes Bild von Paul Signac: *Mittagsstimmung in Auxerre*. Im März 1904 erwarb Bodenhausen für ihn einen weiteren Signac. »Eine großartige Gelegenheit habe ich wahrgenommen, einen der allerschönsten Signacs für Dich zu kaufen, in Dresden bei Gutbier: für M. 800. Es ist ein Bild aller ersten Ranges. Ich habe es gleich mitgenommen zu van de Velde, der Rahmen darum machen und es damit deiner Gesamt-Einrichtung bestens einpassen soll.«[14]

Die *Knieende* in Bronze, die Mutzenbechers Musikzimmer zierte, stammte von Aristide Maillol, den Kessler im August 1904 kennengelernt und für den Freundeskreis entdeckt hatte. Maillols Arbeiten gefielen Kessler auf Anhieb so gut, dass er sofort ein Modell in kleinem Maßstab kaufte und nach einer Skizze eine Statue in Stein in Auftrag gab: die *Méditerranée*. Sie wurde die erste Figur in Lebensgröße, die Maillol, der nun ebenfalls in Kesslers Einflusssphäre geriet, ausführen konnte. Bereits zwei Wochen nach der ersten Begegnung fuhr er mit Kessler nach London, um im British Museum die Skulpturen des Parthenon und in der National Gallery die großen Meister zu studieren. Abends besuchten sie zwecks Studium schöner Körper die Boxkämpfe in Whitechapel. Maillol habe unentwegt skizziert, so Kessler, und sich bei ihm bedankt: »Die Reise nach London wird wie eine Erleuchtung für mich gewesen sein. Ich habe die Bildhauerei und die Kunst im Allgemeinen besser verstanden.«[15]

Kessler fuhr nun immer wieder nach Marly und verfolgte das Entstehen der beauftragten Statue, deren Größe und Ruhe ihm vom Parthenon beeinflusst schienen. Ein Jahr später war er von der Statue zwar nach wie vor beeindruckt, doch störte ihn nun die Massigkeit der Knöchel und Gelenke, vor allem die Plumpheit der aufgestützten Hand.[16] Als Maillol sich aber nicht beirren ließ, gab Kessler nach. Schließlich schätzte er am Werk des Bildhauers gerade das Streben nach elementarer Einfachheit und die Aura des Ursprünglichen. »Er ist Jemand ausserhalb unserer Zivilisation, nicht gegen sie im Aufruhr oder nach Bohème Art in bewusstem Kontrast, sondern von ihr unberührt wie Adam im Paradies. Ein ganz anderer Typus des Naturmenschen als Rousseau. Ich kenne Nichts ganz Ähnliches.«[17]

Im Frühjahr 1906 organisierte Kessler eine erste große Maillol-Ausstellung in Berlin. Im Sommer 1907 bestellte er bei ihm das Relief eines Liebespaars, *Le Désir*, und eine stehende Jünglingsfigur, *Le Cycliste*, die den knabenhaften Gaston Colin zeigt, den mit Kessler viele Jahre eine intime Beziehung verband. Kessler besaß zuletzt vierzig Plastiken Maillols, die er in seinen Wohnungen in Berlin und Weimar aufgestellt hatte. Und Maillol war seinem Mäzen zeitlebens dankbar: »Dieser Mann von hoher Intelligenz und feinstem Geschmack ist einer der schönsten Glücksfälle in meinem Leben.«[18]

Neben Maillol förderte Kessler auch den Maler Edvard Munch, dessen Bilder, ausgestellt im Verein Berliner Künstler, 1892 einen Skandal ausgelöst hatten. Munchs Darstellung verstörender Erfahrungen von Angst und Melancholie schockierten selbst die Aussteller. Heftige Debatten führten schließlich zur vorzeitigen Schließung der Ausstellung, zur Spaltung des Vereins und zur Gründung der Berliner Sezession.

Die ersten Werke kaufte Kessler, obwohl ihn Munchs Malweise nicht ansprach, um den Künstler finanziell zu unterstützen. Bereits 1895 ließ er sich ein erstes Mal portraitieren. Die Lithographie zeigt Kessler noch sehr als Gardeoffizier, den Schnurrbart, der Mode der

Zeit entsprechend, leicht nach oben gezwirbelt, den Kopf etwas fest auf dem kurzen Hals, das Gesicht straff und symmetrisch. Das 1904 entstandene Portrait dagegen zeigt Kessler als Kulturmenschen, vor einem niedrigen Bücherregal sitzend, die Kleidung auf die Buchrücken abgestimmt. Kessler war von dem Bild begeistert und nannte es im Tagebuch »ein Meisterwerk«[19] Das Portrait von 1906 zeigt ihn nun als weltmännischen Flaneur in ganzer Figur. Das Bild ist extrem hochformatig, und Kessler nimmt es vollständig ein. Kopf, Arme und Beine sind nur leicht von den Rändern abgerückt. Keinerlei Beiwerk lenkt von der Person ab.

Von Kessler auf Munch aufmerksam gemacht, bestellte Elisabeth Förster-Nietzsche bei ihm ein Portrait ihres Bruders. Als Munch sich im November und Dezember 1905 wegen nervöser Beschwerden zur Kur in Bad Elgersburg aufhielt, besuchte er die Archivleiterin und malte Nietzsche, den er verehrte, in Überlebensgröße, an ein Geländer gelehnt, mit langem Überzieher städtisch gekleidet, den Blick in die Ferne gerichtet. Im Hintergrund eine Gebirgslandschaft, ein Tal und ein Dorf, hinter denen die Sonne untergeht. Munch malte auch die Schwester, als resolute Frau in einem grau-blauen Kleid vor gelber Wand, einen Fächer fest in den kleinen, kräftigen Händen. Hinter ihr schwebt ein wolkenartiges Gebilde, einer Gloriole nicht unähnlich.

Van de Velde empfahl Munch der Familie Esche, und eines Tages sei dieser, so Ivo Hauptmann, der Chronist der Ereignisse, auch wirklich in Chemnitz erschienen, mit einem wasserdichten Gummimantel über einem alten Anzug, ganz ohne Gepäck und Malutensilien. Die Esches hätten ihm eine Suite aus Wohn-, Schlaf- und Badezimmer überlassen und diskret eine Flasche Kognak auf den Nachttisch gestellt, die jeden Morgen leer gewesen sei. Munch, groß, blond und trotz etwas blutunterlaufener Augen gut aussehend, habe sich langsam bewegt und kein Wort gesprochen. Die Familie Esche sei verstört gewesen. Drei Wochen vergingen, dann eines Tages war Munch verschwunden. Herbert Esche setzte sich mit der Polizei in Verbindung, die Munch in einem Lokal fand, worauf Esche die aufgelaufene Zeche bezahlte und Munch mit nach Hause nahm. Weitere drei Wochen, so Hauptmann, seien vergangen, bis Munch sich eines Tages erkundigt habe, wo man Malutensilien kaufen könne. In den folgenden acht Tagen habe er dann in kurzer Folge sechs oder sieben Bilder von der Familie Esche gemalt.[20]

EINE WELT FÜR SICH

Kunstwerke zu sammeln, Künstler zu fördern, Wohnungen einzurichten und alle Bereiche des Lebens zu kultivieren, erforderte Geld. Schon Heinrich von Treitschke hatte bemerkt, dass ohne Dienstboten keine wirkliche Kultur denkbar sei.

Während Kessler und Heymel durch bedeutende Erbschaften von Haus aus reich waren, mussten die anderen – Meier-Graefe hatte zwar ein Vermögen geerbt, das Geld aber rasch wieder ausgegeben – nach Erwerb Ausschau halten. Van de Velde gelang dies fast nie in ausreichendem Maß, und nicht selten musste, obwohl er viele Aufträge hatte und gut verdiente, von Freunden und Verwandten geliehen werden. Er hatte eine Familie mit fünf Kindern zu versorgen und war gutbürgerliche Verhältnisse von Haus aus gewöhnt. Überdies pflegte er einen aufwendigen Lebensstil und gab, von den Erfolgen und der guten Auftragslage verführt, bisweilen mehr Geld aus, als er einnahm, und auch bevor er es verdient hatte.

Sein Verhalten in Geldangelegenheiten war bei den Freunden berüchtigt. Er tue Sachen, so Bodenhausen an Kessler, die bei jedem anderen als Betrügereien gelten würden. Durch solche Handlungen habe er die van de Velde-Gesellschaft um Tausende von Mark geschädigt und sich auch bei der Miete für seine Berliner Wohnung nicht wie vereinbart verhalten. Ihm fehle offenbar jedes Verständnis für Korrektheit in Geldsachen. Sonst ein so mimosenhaft zartfühlender Mensch, gehe er dabei geradezu brutal vor.[1]

Bodenhausen selbst wäre gern Museumsdirektor oder Professor für Kunstgeschichte geworden, doch er wusste, dass »alle Stellungen in der Kunst, die ich jetzt oder in einigen Jahren haben könnte, nicht genügen würden, um meine Familie zu erhalten.«[2] Er fürchtete die kleinen Verhältnisse und die damit verbundene gesellschaftliche Deklassierung. Da sein Vater eine frühe Übertragung der Familiengüter wie auch einen finanziellen Zuschuss zum Familienbudget ablehnte, wandte er sich, um standesgemäß leben zu können, bald von seinen künstlerischen und wissenschaftlichen Interessen ab und der Finanz- und Wirtschaftswelt zu.

Auch Hofmannsthal zeigte eine Schwäche für das anständige Leben, wozu unbedingt das Luxuriöse gehörte. Er verdiene zwar 30 000 Mark im Jahr, erzählte er Kessler, aber er brauche eigentlich noch 5 bis 10 000 Mark, um sich frei fühlen und dichten zu können. Ob Kessler wohl etwas dabei fände, wenn er für Velhagen & Klasings Monatsschrift schriebe, um Geld zu verdienen. Kessler fand etwas dabei. Das Familienblatt sei seiner Ansicht nach so ungefähr der schlimmste Kulturverderber, den es in Deutschland gebe. Er solle doch, wenn er denn durchaus mehr Geld verdienen müsse, Vorträge halten. Hofmannsthal »ist der reichste meiner Künstlerfreunde und der Einzige, der fortgesetzt über Geld spricht und klagt«.[3]

Hofmannsthal wohnte mit seiner Familie in Rodaun bei Wien in einem Schlösschen aus der Maria-Theresia-Zeit. Eine hohe Mauer schloss es gegen die Straße ab, eine kleine Pforte ohne Namen und Klingel ließ nur den Wissenden ein, den beim Eintritt in das Gebäude das Gefühl umfing, mit dem Zufallen der Tür versinke die gewöhnliche Welt.[4] Mittelpunkt des Hauses war ein kleiner Saal mit zartfarbigen Schäferfresken an den Wänden, weißgoldenen Möbeln, leicht erblindeten Spiegeln, Stuckdecken, Rokokosofas, einem Ofen aus weißem Porzellan, weißen Amphoren auf Postamenten, in denen Hofmannsthal eigenhändig – man fühlt sich an Rilkes Fruchtschalen auf Konsolen erinnert – hochstielige Rosen ordnete.

All das war so sichtlich herrschaftlich, dass Schröder Hofmannsthal scherzhaft als »Graf von Rodaun« bezeichnete, und so hochgestimmt, dass Helene von Nostitz, wenn sie am Abend vor Hofmannsthals Haus stand und in den sanft rosa Barockräumen schon die matten Lampen und Kerzen leuchten sah, fühlte: »Hier wird Österreichs Seele gespürt und gehütet.«[5]

Die Umgangsformen entsprachen mit Tea time und Dress code Hofmannsthals Vorliebe für den gehobenen englischen Lebensstil. »Abends«, so der Schriftsteller Rudolf Borchardt, der 1902 zu Gast war, »ist die Hauptmahlzeit, der Frack dabei obligatorisch, und ich könnte mir gar nicht vorstellen, wie es anders sein sollte. Die Stufe des Gestimmtseins, das diesen kleinen Kreis gerade des Abends beherrscht, ist eine so hochgelegte, der gesellschaftliche Ton ein so hochmütig gehobener, daß das schöne Tafelgeschirr, Silber und Blumen, Kerzen an den Wänden und evening dress als selbstverständlich dazugehören.«[6]

Herrschaftliches Zeremoniell, barockes Milieu und geschmeidig liebenswürdiges Wesen des Hausherrn hätten, so Thomas Mann, in Rodaun auf ganz bezaubernde Weise zusammengepasst. Thomas Mann hatte den Dichter im Dezember 1908 bei einer Lesung in Wien kennengelernt und sofort ins Herz geschlossen. Sein Besuch in Rodaun kurz danach galt ihm als Höhepunkt seines Wienbesuchs. Hofmannsthal sei eine bestrickende Persönlichkeit, »deren Schwächen entwaffnen, weil sie allzu treuherzig zu Tage treten. Das Milieu, ein altes Barock-Schlösschen mit der dazugehörigen Einrichtung, die weiche, geschmeidige Wiener Liebenswürdigkeit des jungen Hausherrn, das Bewusstsein, dass man den Dichter des Tempeltraumes im ersten Akte von ›Oedipus‹ vor sich hat – das hat zusammen etwas Bezauberndes. Hofmannsthal ist der zweite Dichter, der persönlichen Eindruck auf mich gemacht hat. Der erste war Hauptmann. Dieser hat etwas vom Priester, von hoher protestantischer Geistlichkeit; aber Hofmannsthal ist ein Prinz.«[7]

Vom barocken Ambiente wich nur das Arbeitszimmer ab, in dem Hofmannsthal auf einem blauen Sessel neben einer silbernen Stehlampe und einem drehbaren Büchergestell zu sitzen pflegte. Mit seiner grauen Filzbespannung auf dem Boden, dem mit Manuskripten beladenen Schreibtisch mit der Plastik von Rodin und dem Männerportrait van Goghs als einzigem Bild an der Wand war es ein moderner und von Hofmannsthal selbst sorgfältig inszenierter Raum. Auch seine Wiener Stadtwohnung war, so Helene von Nostitz, eine passgenaue Hülle seiner Person, ein Raum, in dem das Gespräch tief, aber ohne Schwere, fern von allem nur Weltlichen und doch weltumspannend dahinfloss. »Grauseidene Vorhänge deckten das ganze Zimmer, auch die Wände, die Tür, und trennten es entschlossen von der Außenwelt. Als einziger Schmuck stand da ein großer chinesischer Teller von phantastischer Pracht.«[8]

Hofmannsthal besaß einen sicheren Kunstgeschmack und fühlte sich stark zu Antiquitäten und Kunstwerken hingezogen. Sein Verlangen, schöne Dinge und Bilder zu besitzen, wurde im Lauf der Jahre immer stärker, und vor allem die neue französische Malerei zählte er zu den Dingen, die ihm das Leben überhaupt erträglich machten. Als Bodenhausen ihm in Paris einen Maurice Denis kaufte, ein Bild mit badenden Frauen und reitenden Jungen am Meeresstrand, dankte Hofmannsthal überschwenglich für die große Freude: »Er hängt in dem Speisezimmer mit den graugrünen Tönen der Mauern und der Möbel wunderschön und strahlt ein unglaublich freudiges Licht über das ganze Zimmer und in den Besucher hinein.«[9]

Hofmannsthal, der seine kostspieligen Neigungen mit seinen Autorenhonoraren, aber auch mit Aktienspekulationen finanzierte, bei denen ihn Bodenhausen beriet, war bei den Freunden für seine Geldliebe bekannt, die immer wieder das Freundschaftliche mit dem Geschäftlichen zu verbinden wusste. An Heymel, den Reichsten unter den Freunden, schrieb er 1908: »Mein lieber Alfred, materielle Sorgen und Schwierigkeiten spielen in meiner Existenz durchaus eine beträchtliche Rolle, doch liegt im Allgemeinen kein Anlaß vor, dergleichen Langweiliges zu erwähnen, nicht wahr?«[10]

Um es nun doch einmal zu erwähnen, wies er Heymel auf die besonderen Schwierigkeiten seiner Schriftstellerexistenz hin. Im Allgemeinen werde er zwar durchaus anständig für seine Werke bezahlt, doch immer wieder habe er auch unproduktive Zeiten, die materiell ertraglos seien. Oft stecke er dann in lange Briefe einen nicht unwesentlichen Teil seiner Kräfte und diese blieben unbezahlt, schon aus dem einfachen Grunde, weil sich die Art der Bezahlung dafür nicht recht formulieren ließe. »Überleg Dir dies alles, vielleicht kannst Du mir nach der Conferenz am 10. irgend einen Vorschlag machen lassen, der das Freundschaftliche hier irgendwie mit dem Geschäftlichen verbindet.« Eine Aufforderung, die Heymel ironisch vermuten ließ, Hofmannsthal wolle sich seine Briefe nun bezahlen lassen.

Auch Gerhart Hauptmann, wohlhabend durch das Erbe seiner ersten Frau und den frühen Erfolg als Theaterautor, lebte in alles andere als kleinen Verhältnissen. Er wohnte ab 1901 im Wiesenstein, einer herrschaftlichen Villa in Agnetendorf im Riesengebirge, erbaut vom Berliner Architekten Hans Grisebach, der mit Wohn- und Geschäftshäusern im Neo-Renaissance-Stil bekannt geworden war. Hauptmann hatte den Bau wie schon seine früheren Wohnungen und Häuser wesentlich selbst gestaltet und so eine weitere »Männerwohnung mit Vergangenheit« entstehen lassen, in der im Gegensatz zu den künstlerisch arrangierten Gesamtkunstwerken van de Veldes alles erst durch den Bezug zum Bewohner und dessen Lebensgeschichte an Bedeutung gewann. »Immerhin«, so schreibt er im *Buch der Leidenschaften*, »ist es bereits ein Stück von mir, und meine gestaltende Phantasie ist unlöslich damit verbunden.«[11]

Der Wiesenstein liegt, ein von Bäumen gefasster Solitär, auf einer Anhöhe mit weitem Blick auf das Riesengebirge. Der zweigeschossige Bau aus Granit und Putz mit hohem Walmdach aus roten Pfannen hat »einen festen, gedrungenen Turm, der die Dämonen schrecken und einer Welt von Feinden Trotz bieten soll. Er riecht nach Wehrgängen, Bastionen und Schießscharten.«[12]

Der Bau hat zwei Eingänge, einen für die Herrschaft und ihre Gäste, den anderen für die Dienstboten und Lieferanten, die auch ein eigenes Treppenhaus frequentierten. Der Haupteingang führt in eine kleine Diele mit dem Bild *Reiter im Gestade* von Ludwig von Hofmann, dessen Werk Hauptmann sehr schätzte. Von der kleinen Diele aus betritt man das Zentrum des Hauses, eine langgestreckte, zweigeschossige Halle, »Kapelle« genannt, die von drei hohen Rundbogenfenstern belichtet und einem mächtigen Kamin dominiert wird. Die Halle besitzt eine zweiseitig umlaufende Galerie und eine als Netzgewölbe ausgeführte Baldachindecke. Zur Galerie, die auf goldenen und grünen Säulen ruht, führt eine zweifach abgeknickte Treppe, die der Hausherr zur Begrüßung der Gäste würdevoll herabzuschreiten pflegte. In der Mitte kniet die menschengroße Figur eines Engels.

Von der Halle gehen vier Räume ab: das Speisezimmer, das Musikzimmer mit dem Portrait Margarete Hauptmanns als Geigerin von Lovis Corinth und einem Steinway aus Zitronenholz, die eichengetäfelte und ebenfalls mit einem Netzgewölbe überdeckte Bibliothek mit eingebautem Ledersofa, geschlossenen Bücherschränken, einem Stehpult, der Totenmaske Napoleons sowie einer fotografischen Reproduktion des Abendmahls von Leonardo da Vinci. Neben der Bibliothek liegt das Arbeitszimmer, ausgestattet mit einem wuchtigen, mit zahllosen Gegenständen reich dekorierten Schreibtisch – mehr Symbol als Werkzeug der Arbeit, denn Hauptmann diktierte seine Werke im Stehen und Gehen.

Mit dem Wiesenstein hat Hauptmann das Refugium eines sich mit mönchischer Askese der Arbeit hingebenden Dichters geschaffen und zugleich eine großbürgerliche Wohnstätte, die dessen gesellschaftlichen Aufstieg dokumentierte. Diese Doppelfunktion hat der Bau den Gästen wohl gut vor Augen geführt. »Die Diele«, so einer der Besucher, »hat etwas von einem Kirchenschiff. Arbeitszimmer und Bibliothek

Das Haus des Schriftstellers Gerhart Hauptmann in Agnetendorf im Riesengebirge

gemahnen an eine Abtei. Der Hausrat ist nicht zu behaglich sorgloser Wohnlichkeit eng und bunt aneinandergedrängt, sondern in sehr großen, sehr schweren, sehr kostbaren Stücken monumental in großen Abständen verteilt. Die Kostbarkeit hebt den klösterlichen Charakter dabei nicht auf, den Charakter einer reich dotierten Kirche, in der doch strenge, fast asketische Gedanken gepredigt werden.«[13]

Ebenso fürstlich wie Dimension und Ausstattung des Hauses waren die Baukosten von 200000 Mark und der Lebensstil, der von den Hauptmanns gepflegt wurde. Im Wiesenstein habe man, so Ivo Hauptmann, komfortabel mit Dienern, Köchen und Mädchen residiert und immer, oft in großer Gesellschaft, gut gegessen und gute Weine getrunken, die von einem Diener in weißer Jacke kredenzt wurden.[14]

Wie Gerhart Hauptmann sah auch Richard Dehmel den Dichter in der Pflicht, sein Leben nach Maßgabe seines Künstlertums zu gestalten. Und Dehmel war dieser Aufgabe in ganz besonderer Weise gewachsen, denn er besaß eine große zeichnerische Begabung und einen ausgebildeten Geschmack, für den ihn sein Freund Peter Behrens bewunderte: »Ich sagte es ja, und ich habe recht: Du gehörst zu unseren besten angewandten Künstlern.«[15] Zwar verwahrte sich Dehmel gegen die allzu »nachsichtige Belobigung« seiner Begabung, glaubte aber, dass sie jeder wahrhaft Gebildete besitzen sollte. »Sie ist wohl vorhanden, aber kaum in höherem Maße, als jeder in unserm Sinne gebildete Mensch sie haben muss, oder wenigstens jeder Künstler, dessen besondere Kunst vorbildlich sein will für eine allgemein schöne Lebensgestaltung.«[16]

War schon die Wohnung in der Parkstraße sorgsam inszeniert, wurde die Villa in Blankenese, die der Hamburger Landhausarchitekt Walther Baedeker auf eigene Kosten nach Dehmels Plänen baute, »ein durchaus repräsentatives Haus von einer höchst kalkulierten Einfachheit«.[17] Doch im Gegensatz zu Hauptmanns Wohnung mit Vergangenheit stellte es eine Wohnung mit Zukunft dar, denn das Haus, das Dehmel 1913 von den Freunden zum 50. Geburtstag geschenkt wurde, nahm bereits Aspekte der nüchternen Raumkunst der 1920er Jahre vorweg.

Den zweigeschossigen, kubisch wirkenden Putzbau mit hohem Walmdach, das nur von zwei halbrunden Gauben unterbrochen wird, zieren keine Ornamente, sieht man von der doppelflügligen Eingangstür mit Glasoberlicht und von der lebensgroßen Figur *Flora* des Bildhauers Richard Luksch vor der nahezu fensterlosen Südseite ab. Nüchtern zeigt sich das Haus auch innen. Möbel, Bilder und Vasen der nicht allzu großen, wohnlichen Villa stammen aus der Wohnung in der Parkstraße, ergänzt durch neue Gegenstände gleichen Stils. Alles ist schlicht, es finden sich nur noch wenige, nüchtern geometrische Linien. »Geradlinig klar, einfach und fest, praktisch und doch verhalten festlich gefügt in allen Räumen, kann dies Haus sehr wohl als Schöpfung Dehmels, als Abbild seiner Persönlichkeit gelten.«[18]

Hugo von Hofmannsthal im Atelier Henry van de Veldes

HÜBSCHE MÖBEL UND FEINE NERVEN

Den Kultus der Schönheit zu zelebrieren, erforderte nicht nur Geld, sondern auch den Willen, das Leben in erster Linie als ästhetisches Phänomen zu betrachten und ganz der Kunst zu unterwerfen. Diesen Willen, von dem sie hofften, er mache sie zu den eigentlich modernen Menschen, besaßen die Freunde in hohem Maße, als würden sie, so Kessler, an den Übeln der Zeit leidend, »zur Kunst getrieben durch die Sehnsucht, auf Augenblicke wenigstens ihre geschwächte Persönlichkeit stark, ihre zersplitterte Seele Eins, ihr flüchtiges Ich dem ewigen Wandel entrückt zu fühlen.«[1]

Zu den modernen Menschen zählte Hofmannsthal nur ein paar tausend sensible Naturen, die in den großen europäischen Städten verstreut lebten und entschieden zum Nervösen neigten, als hätten ihnen ihre Väter und Großväter nur zwei Dinge hinterlassen: hübsche Möbel und überfeine Nerven. »Modern sind alte Möbel und junge Nervositäten (...) Modern ist die instinktmäßige, fast somnambule Hingabe an jede Offenbarung des Schönen, an einen Farbenakkord, eine funkelnde Metapher, eine wundervolle Allegorie.«[2]

Den modernen Menschen sei auferlegt, im Besitz den Verlust zu empfinden, im Erleben das Versäumnis, im Handeln die Langeweile. Sie ergründeten die Anatomie des eigenen Seelenlebens, träumten und erlebten das Leben nicht als eine Kette von Handlungen, sondern von Zuständen. Ihnen eigne eine »Farb- und Stimmungstrunkenheit«, die zugleich Hingabe an das Schöne und Vergessenwollen der Hässlichkeiten und Gefahren des Lebens bedeute und neben dem Heilmittel der Phantasie den »Katzenjammer der Neurose« bereithalte.

Und neurotische Störungen machten sich bei den Freunden früh bemerkbar. Schon als junger Maler hatte van de Velde einen Nervenzusammenbruch erlitten. Auch in späteren Jahren traten in schwierigen Lebensphasen sofort psychosomatische Beschwerden auf, Migräneanfälle verbunden mit starken Depressionen, Neuralgien und Abszessen. In zahlreichen Briefen an seine Frau und die Freunde klagte van de Velde immer wieder ausführlich über Krankheitssymptome. »Ich spüre eine Art Ring aus Eisen unterhalb der Brust«, so schrieb er Maria, »um den ganzen Körper herum und das ist sehr unangenehm.«[3] Er nahm die verschriebenen Schmerz- und Beruhigungsmittel, doch halfen diese meist nur vorübergehend, und nach 1900 musste er fast jährlich zur Kur.

Meier-Graefe lebte seit seiner Kindheit mit einem nervösen Hautleiden, das immer wieder auftrat. Auch bei Bodenhausen zeigten sich früh somatische Beschwerden. Wiederholt redete er mit engen Freunden über die fatale Wirkung wiederkehrender Depressionen.[4] Er litt unter Schlaflosigkeit, Kopfschmerzen und Vergesslichkeit, beklagte das fehlende Gleichgewicht seiner Seele und glaubte, so schrieb er Kessler, nicht aus dem Holz geschnitzt zu sein, aus dem schaffende Menschen, selbst im allerbescheidensten Sinne gemeint, entstünden.[5] Bald suchte auch Bodenhausen regelmäßig Sanatorien auf und starb 1918 mit nur fünfzig Jahren.

Nach Abschluss der juristischen Prüfungen im Herbst 1900 verfiel Kessler in eine tiefe Depression. »Ich habe Zeiten, in denen mein Interesse an meinem Gesamtleben, an aller Zukunft und Vergangenheit, auf Null steht, während die Augenblicksinteressen ebenso lebhaft anziehen wie jemals; die Existenz verläuft dann in einer Aufeinanderfolge von Anregungen ohne Zusammenhang; galvanisierte Froschschenkel. Fragmentarisches Auflodern der Lebenslust auf einem eintönig grauen Untergrunde.«[6]

Hofmannsthal klagte immer wieder über schlaflose Nächte, Migräne, Müdigkeit, Angst vor dem Schreiben, Nachlassen der Kraft. Besonders die Wetterfühligkeit nahm mit den Jahren beängstigende Ausmaße an. Die Atmosphäre bestimmte seine tägliche Befindlichkeit und Schaffenskraft, von der Temperatur des betreffenden Tages machte er Besuche abhängig. Schon seine Mutter, so erzählte er Kessler, habe äußerst schwache Nerven besessen und früh vor den harten Wirklichkeiten des Lebens behütet werden müssen.[7] Er kenne, schrieb er Bodenhausen, so absurd schlimme Dinge in den Nerven wie »Vorbeimarschieren von Bäumen und rasendes Flüchten von Gedanken und verzweifeltes Hineinstarren wie in einen schwarzen Sack.«[8] Er fühle »eine tiefe Niedergeschlagenheit und ein sinnloses, wesenloses Angstgefühl.«[9]

Während Heymel lediglich über Schreibkrämpfe in der rechten Hand und innere Spannungen klagte, litt Schröder an sichtbar nervösen Zuckungen im Gesicht. »Nervenkrank, fahrig und unreif« wirkte er auf Kessler. »Ein dummer Junge und Neidhammel. Allerdings mit seinem epileptischen Zucken an einem Auge dabei komisch.«[10]

Die kurze Aufzählung zeigt: Auch in ihrer geschwächten Persönlichkeit gleichen die Freunde Jean Floressas Des Esseintes, der kein schillernder, sondern ein entnervter Held ist, überreizt und müde, von einem inneren Drama beherrscht, das sich in neurasthenischen Beschwerden zeigt und dessen äußere Triebkräfte Abscheu vor der Gewöhnlichkeit des Lebens und Sehnsucht nach einem sinnstiftenden Ideal sind.

Dieses Ideal glaubten die Freunde in der Kunst zu finden. Sie wurde ihnen im fragmentierten Existenzgefühl ihrer »zersplitterten Seelen« zur ästhetischen Überlebensstrategie. Von ihr erhofften sie sich Heilung von der Schwäche der Zeit wie der Schwäche der eigenen Person. Und je mehr ihnen beide Schwächen bewusst wurden, desto ästhetischer wurde ihr Blick auf die Welt, der alles nach der Maßgabe des Kunstwerks beurteilte.

Ein Kunstwerk sollte das Heim sein, das sie mit seinen Bildern, Statuen und Möbeln stimmungsvoll zu umschließen hatte. Kunstwerke wollten sie aber auch selbst hervorbringen, um das allgemeine Chaos zur Form zu zwingen, um der Unordnung des Lebens mit der Ordnung der Kunst entgegenzuwirken. Doch während ihnen die Gestaltung des eigenen Lebensumfelds weitgehend gelang, blieb die Werkproduktion oft hinter dem eigenen Anspruch zurück.

Bodenhausen hatte in den 1890er Jahren einen ersten dichterischen Versuch unternommen, eine Art Frühlingsdichtung in Bierbaumscher Manier. Meier-Graefe hielt die Arbeit zwar für talentvoll, vermisste aber den Zug spezifischer Begabung. Er verstehe nicht, warum Bodenhausen glaube, überhaupt produzieren zu müssen, heute wo jeder produziere, der einmal geliebt, gehungert oder gelitten habe, das persönlich-sympathische Motiv mit dem künstlerischen Ziel verwechselnd. Er könne ihm nur raten, sich von der Masse der Produzenten fern zu halten und einer jener wenigen Konsumenten zu werden, die fähig seien, die künstlerische Persönlichkeit wahrhaft genialer Menschen zu genießen. »Sie sind wie keiner der Mann dazu, mit Ihrem Namen, Ihrem unwiderstehlichen Charme, Ihrem Vermögen.«[11]

Bodenhausen folgte dem freundschaftlichen Rat und beschränkte sich auf die Rolle des kunstsinnigen Mäzens. Er verfasste keine eigenen literarischen Texte mehr, überzeugt, er könne nicht schreiben. »Denn wenn es nicht von selbst an die Oberfläche will, und das war noch nie bei mir der Fall, dann ist es eben immer gequält und zum mindesten unnötig.«[12] stattdessen widmete er sich ab 1905 wieder den, wie er sie nannte, »schrecklichen Geschäften« in Industrie und Handel, obwohl er wie die Freunde fürchtete, dass die fortgesetzte Beschäftigung mit materiellem Erwerb seine innere Entwicklung gefährden könnte.[13]

Als Bodenhausen 1906 Stellvertretender Direktor der Firma Krupp wurde, waren die Freunde zwar beeindruckt, aber auch besorgt. Er dürfe bei dieser Tätigkeit, so schrieb ihm Hofmannsthal, nichts von seiner ästhetischen Erfahrung preisgeben, denn das Ganze sei wohl nicht mehr als ein merkwürdiges Experiment. »Als hätten wir Dich in eine Taucherglocke, in eine wirkliche Finsternis hinabgelassen, unter einem furchtbaren Druck von Atmosphären, damit einer von uns, mit unseren Sinnen, unseren Nerven, unseren Combinationen in seiner Phantasie: damit wir einmal erfahren wie schwer diese Dinge wiegen in unserem Gewichte gemessen.«[14]

Kessler war nach hoffnungsvollen schriftstellerischen Anfängen wie den *Notizen über Mexiko* nahezu verstummt. Nach seiner Demission als Leiter des Weimarer Kunstmuseums wollte er endlich wieder selbst produzieren. »Ich habe das«, so schrieb er Hofmannsthal im September 1906, »viel zu sehr vernachlässigt und möchte und will das jetzt nachholen.«[15] Bücher wollte er schreiben über die moderne Kunst und Fragen der Nationalität, um endlich die von den Freunden in ihn gesetzten Erwartungen zu erfüllen. Denn seine bis dahin veröffentlichten Notizen und Aufsätze galten ihnen nach wie vor als großes Versprechen. »Wenn ich Deine Sachen lese«, so Bodenhausen, »so hungert es mich nach mehr, und Du mußt nun diese Versprechen halten, wenn Du es nicht mit uns verderben willst. Du bist Dir selbst bewußt, wie oft schon du uns enttäuscht hast; nie durch das, was Du sagtest, sondern durch das, was Du nicht sagtest – nicht sagtest, nachdem Du uns versprochen hattest, Du werdest es sagen.«[16]

Doch die Produktion fiel Kessler wohl ebenso schwer wie Bodenhausen, und so versuchte er ersatzweise, beim Werk anderer zum Mitschöpfer zu werden. Er glaubte, dass ihm dies beim Libretto des *Rosenkavaliers* gelungen sei, doch Hofmannsthal reklamierte das Stück als sein alleiniges Werk, wenn er auch eine gewisse Mithilfe Kesslers nicht leugnen wollte. Er sah in Kessler nur den Mäzen und Vermittler, und das sollte er bleiben. Nicht ohne eigennützige Absichten verwies er die Freunde auf Kesslers Unfähigkeit, selbst zu produzieren. »Der ganze Mensch, so voll Gaben, und doch ohne das Entscheidende – wie entsetzlich traurig.«[17]

Als Kessler ein ihm von Hauptmann gewidmetes Buch besprach, äußerte sich Hofmannsthal entmutigend kritisch. Der Aufsatz sei zwar gut, doch für Kessler und das Niveau, das man von ihm habe erwarten können, nicht gut genug. Und da es eben nur ein Aufsatz sei, »wie ihn schließlich ein anderer sehr kluger, sehr cultivierter und sehr anstandsvoller Mensch auch geschrieben haben könnte, so bleibt allerdings eine von den ungreifbarsten, undefinierbarsten aber sensibelsten Befangenheiten zurück.«[18]

Kessler, von Hofmannsthals abfälliger Kritik enttäuscht, reagierte erstaunlich sarkastisch. »Was du über den mir jetzt schon zum Halse heraushängenden Hauptmann Aufsatz sagst, ist mir interessant, scheint mir aber, so sehr, so menschlich du auch mich und meine Kapazität überschätzest, nicht ganz gerecht. Früher warf man mir vor, daß mein Niveau zu hoch sei, daß mich Niemand verstehen könnte (...) und jetzt heißt es, ja, ganz nett, aber wie gewöhnlich, wie unwürdig eines solchen Geistes.«[19]

Auch Heymel drängte es wie Kessler weg vom reinen Mäzenatentum hin zu eigener Produktion, und auch ihm fiel sie schwer. »Ich möchte«, so schrieb er Hofmannsthal, »alles in mich einsaugen und wieder ausstrahlen und leide nur darunter, daß meine Production, die ja immer flau und mau war, sich absolut nicht zum Mut der Conception durchringen kann.«[20] Doch Heymel, von Hofmannsthal vor allem als empfängliche Seele und treuer Liebhaber seiner Werke geschätzt, erfuhr wie Kessler neben der freundschaftlichen Aufforderung, seinen Teil zur schöpferischen Atmosphäre des Freundeskreises beizutragen, bei den wenigen Versuchen, die er hierzu unternahm, entmutigende Kritik. Als er Hofmannsthal eine kleine Prosaarbeit zur Begutachtung schickte, schrieb dieser zurück: Es fehle ihr an Relief, es gebe keine Akzente, man gleite durch den hinwegwischenden Ton über höchst wichtige Stellen hinweg.[21]

Heymel, auf das Tiefste beunruhigt, nahm sich die Kritik zu Herzen. »Ich will nur hoffen, daß ich durch eigenen Fleiß und durch Dich und die einigen anderen Freunde, die es mit mir ernst meinen auf das Vortrefflichste beraten die vielen Mängel und Lücken meiner Begabung abstellen und ausfüllen kann.«[22] Doch die Freunde hatten für Heymel wenig Hoffnung. Ihm könne nichts gelingen, so Schröder zu Kessler, weil »Alles bei ihm von einer so falschen Basis ausgehe.«[23]

Museumshalle mit Gemälden Ludwig von Hofmanns auf der Dritten Kunstgewerbe-Ausstellung, Dresden 1906

DAS DRESDNER UND WEIMARER FIASKO

Im Unterschied zu Bodenhausen, Kessler und Heymel war es Henry van de Velde innerhalb von zehn Jahren gelungen, ein eindrucksvolles Werk zu schaffen und sich einen internationalen Ruf zu erwerben. Doch 1906 wurde die Dritte Deutsche Kunstgewerbe-Ausstellung in Dresden für ihn zu einem nahezu traumatischen Erlebnis. Er nahm an der Ausstellung als offizieller Vertreter Sachsen-Weimars teil und stellte neben den Wiesbadener Wohnräumen Mutzenbechers einen vollständig eingerichteten Museumssaal aus, der später in ein für Weimar geplantes Museum integriert werden sollte. Der Saal war mit Wandgemälden Ludwig von Hofmanns ausgestattet: arkadischen Landschaften, in denen nackte Figuren tanzten und musizierten.

Im Unterschied zu 1897 fanden van de Veldes Arbeiten diesmal keine freundliche Aufnahme. »Van de Velde – es muß endlich mal klipp und klar gesagt sein«, war in der *Welt am Montag* zu lesen, »hat sich nachgerade zu einem Schädling entwickelt. Ein umfangreicher Raum in der Ausstellung ist gefüllt mit Ausgeburten seiner Phantasie. Flügel und Pianos macht er zu Ungeheuern, zu Nilpferden und Riesenschildkröten, die ehrbaren Töpfer von Bürgel bei Jena, die uns das famose Hausgerät bereiten, verführt er zu Linien- und Formen-Experimenten von häßlicher Unhandlichkeit (...) Weg mit ihm!«[1]

Auch Fritz Schumacher, der Organisator der Ausstellung, fand van de Veldes Arbeiten wenig überzeugend. Zweifellos, so schrieb er in der *Deutschen Bauzeitung*, würden die Räume das Publikum interessieren, doch »wer könnte in diesen Räumen dauernd weilen mögen, diese ungewöhnlich aufregende Welt täglich, stündlich ertragen? Unsere Wohnräume dürfen nicht nervös werden, gerade weil der allgemeine Stempel unserer Zeit ein nervöser ist.«[2] Schumacher empfand nun, zehn Jahre nach seinem Besuch des Bingschen Salons und des Hauses Bloemenwerf, die neuen Gestaltungen van de Veldes als dem veränderten Zeitgeschmack wesensfremd. Er fand seltsam, was van de Velde machte und auch wie er aussah. Er sprach von »seltsamen Formen« und den »seltsam gefurchten Zelotenzügen« des Künstlers.[3]

Lobende Kritik brachten nur wenige Zeitungen. So war in den *Weimarischen Neuesten Nachrichten* im September zu lesen, van de Veldes Räume seien das Produkt einer der feinsten und kulturvollsten Persönlichkeiten, eines Menschen, »dessen Nerven bereits zu einer Empfindlichkeit gelangt sind, für die dem normalen Mitteleuropäer, selbst wenn er zufällig der Klasse der Kunstschriftsteller angehört, meist jedes Organ fehlt.«[4] Das Rauchzimmer aus Mutzenbechers Wohnung sei ein Kleinod an Kostbarkeit und feinstem Kulturraffinement. Alles sei steingewordenes Formgefühl, alles klinge zu einem Akkord von letzter, vornehmster Noblesse zusammen, »zu der nur nicht recht passen will, daß jedermann, der eine Mark bezahlt, neugierig, verächtlich hineinblicken darf.«[5]

Die positive Kritik, die allzu offensichtlich aus van de Veldes Umfeld kam, gab sich betont elitär und unterstrich damit nur den Kontrast zwischen seinen Arbeiten und denen der meisten anderen Aussteller. Denn im Unterschied zur Ausstellung von 1897 zeigte die von 1906 nun neben dem Musikzimmer und der Bibliothek des gehobenen Bürgertums auch die einfache Arbeiterstube und das Kleinbürgerzimmer, die Dorfschule, den Bahnhofswartesaal, das Eisenbahnabteil und die Schiffskabine.

Van de Veldes frühere Vorrangstellung war sichtbar dahin, und die in seinen Lebenserinnerungen geäußerte Vermutung, man habe damals begonnen, ihm den Rang streitig zu machen, den er sich in zehn

Jahren des Kampfes erobert habe, verharmlost die Lage. Van de Velde war längst aus der Rangliste gestrichen.[6] Star der Dresdner Ausstellung war nun Peter Behrens, dessen Arbeiten van de Velde und Kessler bei ihrem Besuch in Darmstadt 1901 so degoutant gefunden hatten. Behrens gestaltete einen Pavillon für die Linoleumwerke Anker-Marke, stellte als Direktor der Kunstgewerbeschule Düsseldorf eine eigene Raumgruppe aus und ließ durch seine Schüler weitere Räume einrichten.

Auch Rudolf Alexander Schröder fand in Dresden wohlwollende Beachtung. Sein Wohnzimmer mit gedämpftem Licht, sanften Farben und bequemen Sesseln kam beim Publikum gut an. Seine relativ schlicht gehaltene Dekoration mit gemalten Girlanden, runden Spiegeln an langen Kordeln, üppig gemusterten Smyrna-Teppichen und locker verteilten Möbeln nach englischem Vorbild versprachen neben biedermeierlicher Eleganz vor allem Behaglichkeit.

Während van de Velde Behrens als ebenbürtig anerkannte, vielleicht weil auch er als Maler begonnen hatte, ließ er Schröder, wenn überhaupt, nur als Freund und Dichter gelten. Sein Aufsatz *Vom neuen Stil*, in dem er bedauernd eine allgemein bemerkbare Rückkehr zum Biedermeier konstatierte, richtete sich wohl vor allem gegen Schröder. Diese sei nichts weiter als ein Phänomen allgemeiner Ermüdung, Ausdruck der sentimentalen Tendenz vorsichtiger Naturen, die wirkten, als ob sie Kamillentee aus großen, goldgeränderten Tassen schlürften. »Es gibt Naturen, auf die der geringste Ausdruck von Leidenschaft oder Tollkühnheit instinktiv abstoßend wirkt, andere, die vor jedem Überschreiten der gewohnten Schranken zurückschrecken, wieder andere, die sich vor dem geringsten Abenteuer, auf welchem Gebiete es auch sei, fürchten.«[7]

Verletzt von der harten Kritik an seinen Dresdner Arbeiten, wartete van de Velde gespannt auf die Stellungnahme Schefflers, der bislang so treu für ihn eingetreten war. Doch auch Scheffler war von dem Museumssaal wenig angetan. Vieles lasse sich nur halb verteidigen, die

Verhältnisse von Wand und Paneel, von Stuckplastik und Raumgröße seien nicht rein, und das Ganze komme ihm vor wie ein nicht ganz geglücktes Experiment.

Nur Kessler hielt zu van de Velde und wandte sich erneut gegen Behrens. Die Ausstellung zeige große Unsicherheit, aber auch Verderbliches. Am verderblichsten sei die falsche Feierlichkeit, die bei fast allen zu finden sei. »Behrens hat alle angesteckt, Säuferwürde; Hallucination, als ob wir Alle nur im Schritt von Tempeljungfrauen durch das Leben gingen, eine Art feierlicher Farce, Komödiantentum.«[8] Noch gab Kessler dem Freund keine Mitschuld am allgemeinen Niedergang des Kunstgewerbes, den auch er konstatierte. Doch nur wenig später, anlässlich der Eröffnung der Ausstellung des Künstlerbundes in Weimar, ist bereits ein kritischer Unterton zu hören: »Überraschend geglückt Vandeveldes Einrichtung des Museums.«[9]

Auch Bodenhausens Haltung wurde allmählich kritischer. Als Hofmannsthal einen Aufsatz van de Veldes in der *Rundschau* lobte und ihn wie den Mann selbst »genieatmend« fand, antwortete Bodenhausen nüchtern: »Velde's Aufsatz hat Stellen von reinem Genie. Im allgemeinen aber ist es zu viel Wiederholung alles dessen, was er schon oft beinahe mit den gleichen Worten gesagt hat.«[10]

Das Jahr 1906, das für van de Velde so unerfreulich verlief, wurde auch für Kessler zum Fiasko. Die Widerstände gegen seine kulturellen Bestrebungen waren in der Stadt wie am Hof spürbar gewachsen. Schon im Jahr zuvor hatte er Hofmannsthal von seiner schwierigen Lage geschrieben, die ihn vielleicht veranlassen könnte, seine Beziehungen zum Hof abzubrechen. Doch Hofmannsthal müsse sich keine Sorgen machen, er werde die Stadt nicht verlassen, denn der Kulturkreis, wie er ihnen von Anfang an vorgeschwebt habe, sei weiterhin möglich.

Nur wenige Monate später musste Kessler Hofmannsthal von einer Zuspitzung der Lage berichten. Man habe eine groteske Pressehetze wegen angeblich unanständiger weiblicher Aktstudien Auguste

Rodins gegen ihn ins Werk gesetzt, doch diese werde, da sei er sich sicher, erfolglos bleiben. Kessler sollte sich täuschen. Die Pressehetze war zwar absurd und der Anlass verstaubt, aber ganz und gar nicht erfolglos. Als er sich anlässlich eines Empfangs beim Großherzog brüskiert sah, blieb Kessler nichts anderes übrig, als sein Entlassungsgesuch einzureichen, das der Großherzog am 13. Juli 1906 offiziell annahm.

»Der vom Großherzog gewählte Augenblick wie die Art und Weise, mit der er Kessler fallenließ«, so van de Velde, »waren grauenhaft. Er war entschlossen, Kessler loszuwerden, ohne ihn anzuhören, ohne ihm Gelegenheit zu geben, sich zu rechtfertigen und die Machenschaften seines nicht mehr faßbaren Gegners aufzudecken. Der ganze Hof war versammelt, um den von seiner Indienreise zurückgekehrten Großherzog zu begrüßen. Die Würdenträger, die hohen Regierungsbeamten und einige Künstler standen in einer Reihe. Der Großherzog schritt die Reihe ab, drückte jedem einzelnen die Hand und wechselte jeweils ein paar Worte. Er kam zu Kessler, blieb stehen, ohne ihm die Hand zu reichen, verzog mit einem Ausdruck offener Verachtung das Gesicht und ging wortlos weiter.«[11]

Kessler bewahrte Haltung, gab sich erlöst und bekundete seinen Willen, trotz allem in Weimar zu bleiben. Nun endlich könne er, so schrieb er Hofmannsthal, seine lang gehegten Pläne verwirklichen: Bücher schreiben, den Weimarer Kreis weiter pflegen, van de Velde einen größeren Auftrag verschaffen und überhaupt sehen, ob vielleicht Aussichten bestünden, ihre Ideen anderswo zu verwirklichen. Denn das hauptsächliche Ziel sei doch der Zusammenhalt und das weitere Wirken des Freundeskreises, zu dem er Schröder rechne, van de Velde, Hofmannsthal, Hauptmann und einige andere. Dieses Ziel sei solange zu verfolgen, »bis wir wenigstens in Deutschland eine Kultur haben, die mit unseren Instinkten, unsrer Zeit und unsrer Schaffensfähigkeit zusammenstimmt.«[12]

In den folgenden Jahren hielt Kessler sich nur noch selten in Deutschland auf. Seine Wohnungen in Berlin und Weimar ganz aufzugeben, konnte er sich allerdings nicht entschließen. »Sie sind der Hintergrund meines Lebens, eine Art von mythischem Hintergrund, ungefähr wie das ›Himmelreich‹ für den Christen und ich habe es auch nie sehr eilig, hinzukommen. Aber wenn dieses ruhige Haus voll Bücher und Bilder nicht dahinterstünde, wäre der Anblick meines Lebens für mich doch anders, zerrissener, sprunghafter, unsicherer, während dieser Hintergrund mir wenigstens die Illusion einer Einheit gibt.«[13]

RÄUME ERNSTER GESCHLOSSENHEIT

Nach Kesslers Abgang kursierte das Gerücht, auch van de Velde werde Weimar bald verlassen. Doch dieser war fest entschlossen zu bleiben, obwohl ihm war, als sei »einer der Grundpfeiler des von uns mit so leidenschaftlicher Begeisterung errichteten Gebäude eingestürzt.«[1] Er tat dies auf ausdrücklichen Wunsch Kesslers, der van de Velde und Ludwig von Hofmann bat, auszuharren und den Gegnern die Stirn zu bieten. Auf keinen Fall dürfe der Kreis sich auflösen, er selbst werde sich jedes Jahr drei bis vier Monate in Weimar aufhalten. Und auch Bodenhausen bestärkte van de Velde in seinem Entschluss. »Ich bin vollkommen Deiner Ansicht, daß Du in Weimar, falls Deine Würde nicht darunter leidet, nicht Deinen Platz abtreten mußt, sondern ihn halten und kämpfen, bis die anderen den Mut verlieren. Aber welch eine Aufgabe neben all der Arbeit, die auf Dir lastet.«[2]

Van de Velde hatte zu jener Zeit viel zu tun. Neben zahlreichen anderen Projekten war er vor allem mit der Planung einer neuen Villa für Karl Ernst Osthaus beschäftigt. Der Mäzen, der durch sein Museum in der Kunstwelt schnell bekannt geworden war, hatte eine neue Idee entwickelt: In Hagen sollte um den glanzvollen Mittelpunkt seines eigenen Hauses eine Villenkolonie in Form einer Gartenstadt entstehen. Zu diesem Zweck hatte er ein etwa zwanzig Hektar großes, landschaftlich reizvoll auf einer Hügelkuppe oberhalb der Stadt gelegenes Gelände gekauft, dessen schönster Vorzug in der völligen Abgelegenheit bei gleichzeitiger Anbindung durch eine Straßenbahn lag.

Osthaus' Villa, genannt der Hohenhof, liegt oberhalb eines mit bastionsartigen Stützmauern terrassierten Hangs. Sie ist erbaut aus dem blaugrauen Kalkstein der Gegend, kombiniert mit Verkleidungen aus Basaltlava und Schiefer. Ein gestaffeltes Mansarddach umschließt Ober- und Dachgeschoss und lastet schwer auf Sockel- und Erdgeschoss. Die Villa wirkt mächtig und massiv, nur die Türen und Fenster hellen mit ihrem Weiß und Grün den dunklen Baukörper auf. Die Fassade zeigt zum Tal hin in ihrer symmetrischen Gestaltung Festigkeit und Stärke. Zum Garten lockern Wintergarten, Balkone, Gauben, Laubengänge, Erker und Freitreppen sowie über Eck gestellte Fenster die Strenge auf. Zwei lebensgroße Figuren aus Stein von Hermann Haller – Mann und Frau, den Körper dem Näherkommenden zugewandt, den Kopf einander zugedreht – flankieren den Haupteingang, der risalitartig hervortritt. Er ist schmal und wird von zwei ebenfalls schmalen Fenstern flankiert.

Betritt man das Haus, kommt man in eine sechseckige Halle mit anschließendem rundem Treppenhaus. Daneben liegt ein kleiner quadratischer Raum für wartende Besucher mit eingebautem Sofa, ihm gegenüber ein wandgroßes, in die Täfelung eingelassenes Bild von Ferdinand Hodler, *Die Erwählte*. Um die Halle gruppieren sich die übrigen Räume, getrennt in einen Herrschafts- und einen Dienstbotenbereich. Die Durchgänge werden von quadratischen Pfeilern auf niedrigen Sockeln akzentuiert, auf denen Beleuchtungskörper stehen. Die Kunstwerke verschmelzen mit der dekorativen Ausstattung. So werden etwa im kleinen Salon, der von Edouard Vuillards Bild *Der Spaziergang* dominiert wird, die Farben des Bildes im Teppich wieder aufgenommen. Wände, Möbel, Teppiche und Vorhänge sind auf die Bilder abgestimmt und neue Bilder nach Maßgabe der Raumkomposition in Auftrag gegeben. Alles, bis zum Siegel auf dem Schreibtisch und dem Monogramm auf den Fenstergittern, ist Teil eines Gesamtkunstwerks, in dem Kunst und Leben, Schönheit und Funktionalität sich zu einem Ganzen verbinden.

Wohnhalle Haus Hohe Pappeln, Weimar 1907/08

Kessler war, als er im Dezember 1907 Hagen besuchte, von der neuen Schöpfung van de Veldes und der Osthausschen Tatkraft beeindruckt. Obwohl er den Mäzen und Sammler als Person nicht sonderlich schätzte, blieb ihm doch die Wirkung nicht verborgen, die dieser in Hagen ausübte. »Irgendeine Ahnung, dass es noch andre Dinge als Geld verdienen, Arbeiterwohlfahrt gibt, verbreitet sich um ihn wie eine Atmosphäre.«[3] Als er einige Jahre später erneut zu Besuch kam, erschien ihm der Hohenhof noch immer als ein bestechendes Ganzes. »Die etwas Ibsensche Atmosphäre verdichtet sich hier in den schönen Marmor gepflasterten lichten Räumen mit unanfechtbaren Kunstwerken zu einer angenehmen Realität; das Phantastische wird Ereignis.«[4]

Doch was Kessler angenehm fand, war nicht jedermanns Sache. In van de Veldes Räumen empfinde man, so Karl Scheffler, das Stimmungshafte allzu stark und nachhaltig. Die Stimmung sei schwer, sogar etwas düster, und nirgends unbefangen heiter. Zum Leben in solchen Räumen gehörten besondere Menschen. Lebendig würden die Räume erst, wenn sich dekorativ gekleidete Frauen darin bewegten. »Nichts sind diese Innenräume weniger als neutral. Sie dienen dem Wohnbedürfnis erst in zweiter Linie; sie sind selbstherrlich ihrer selbst wegen da; sie stehen da als Beispiele, als Symbole. Als Kompositionen sehr persönlicher Formen und Farben in komplizierten Tonarten.« Kein fremder Teppich dürfe in diesen Räumen liegen, ohne dass die Wirkung zerstört würde, kein Bild ausgetauscht, kein Möbelstück verrückt werden. Und nur die Werke jener Künstler könnten hier Aufnahme finden, die der Formenwelt van de Veldes verwandt seien. »Es liegt in dieser Ausschließlichkeit ohne Zweifel viel Gewaltsames, viel Künstlichkeit, viel Tendenz und eine Vergewaltigung, die sich nicht viele Bewohner gefallen lassen werden, eine diktatorische Beschränkung der persönlichen Freiheit, die nicht viele ertragen können.«[5]

Auch Alfred Lichtwark, der Hagen 1908 besuchte, blieb kritisch. Van de Velde sei zwar viel maßvoller und vernünftiger geworden als früher, so schrieb er seinem Kuratorium, doch die Kunst werde noch immer zu sehr in die Räume eingebunden. Die Braun- und Grüntöne von Vuillards Gemälde etwa in der Dekoration des Raumes wiederkehren zu lassen, bekomme weder dem Raum noch dem Kunstwerk.[6]

Zudem habe van de Velde auch beim Hohenhof wieder die Anforderungen der Nutzung vernachlässigt, was gut zu einer Anekdote passe, die man sich in Berlin über ihn erzähle. Ein reicher Mann habe ihm die Einrichtung eines Zimmers übertragen, das seine Bibliothek und seine Kupferstichsammlung aufnehmen sollte. Als sie fertig gewesen sei, habe sie aus einem kleinen Bücherschrank und einem Tisch so groß wie ein Taschentuch bestanden. Der Auftraggeber habe sich beschwert, sei aber von van de Velde abgewiesen worden: »Mein Herr, ich richte mich grundsätzlich nicht nach den Wünschen des Bestellers, sondern nach den Verhältnissen des Raumes. Dieses Zimmer ist zu klein. Es gibt keine Lösung für mich, hier 300 Bücher aufzustellen. Übrigens genügt eine Auswahl von 40 oder 50. Das übrige können Sie in Kisten packen und auf den Boden stellen.«[7]

Um seiner Absicht, in Weimar zu bleiben, sichtbaren Nachdruck zu verleihen, beschloss van de Velde, noch einmal ein eigenes Haus zu errichten. Er kaufte ein Grundstück in Ehringsdorf an der Belvederer Allee, auf dem eine Gruppe hoher Pappeln wuchs, die dem Haus seinen Namen gaben, und begann im Juli 1907 mit dem Bau.

Das Haus Hohe Pappeln wurde, zumindest von außen gesehen, ein seltsames Haus. Ein mächtiges, tief heruntergezogenes Walmdach umschließt Dach- und Obergeschoss und wirkt wie eine beschützende Haube. Es bestimmt den Gesamtcharakter so sehr, daß Sockel- und Erdgeschoss aus grauviolettem Tuffstein fast völlig darunter verschwinden. Das Dach wird von einem tief eingeschnittenen Dachbalkon, den mächtigen Kaminen, den auf der Außenwand aufsitzenden großen und den auf der Dachfläche liegenden kleinen Gauben zerklüftet, die Fassaden durch Vor- und Rücksprünge zergliedert. Alles wirkt, als sollte selbst der Anflug von Regelmäßigkeit vermieden werden.

Der tief eingezogene Eingang an der Schmalseite ist mehr zu ahnen als zu sehen. Von der halben Treppe, die zu ihm hinauf führt, ist nur die seitliche Mauer aus Tuffstein zu erkennen. Man betritt das Haus, das mit 500 Quadratmeter Nutzfläche bescheidener wirkt, als es ist, über einen kleinen Windfang, der, fast vollständig verkleidet mit zinnoberroten Holzkassetten, in einen schmalen dunklen Vorraum führt. Der Vorraum, ebenfalls kassettiert und mit runden Hinterlüftungsöffnungen aus Messing bestückt, enthält eine offene Garderobe und den Zugang zur Gästetoilette. Er öffnet sich zur Treppenhalle, dem Mittelpunkt des Hauses, um deren kleine Sitzgruppe sich schwungvoll die Treppe ins Obergeschoss legt. Die kleine Halle ist, durch einen viereckigen Glaserker vergrößert, ein heller freundlicher Raum. Über dem Sofa hängt ein Bild Rysselberghes, das Maria mit ihren Töchtern zeigt. Unter der Treppe auf einem hohen Podest steht eine Skulptur von Georges Minne.

Auch das Haus Hohe Pappeln habe, so van de Velde, wie seine anderen Häuser bei den Einwohnern großes Aufsehen erregt durch »das Fehlen der obligaten Türmchen, prätentiöser Loggien, eines feierlichen Eingangs und vor allem des überflüssigen Ornaments«.[8] Wieder sei es bei seinem Anblick zu hässlichen Ausrufen schockierter Fußgänger gekommen. Die Kutscher hätten das Haus zu den Kuriositäten der Stadt gerechnet, gern ihren Fahrgästen vorgeführt und nebenbei einiges über das Leben des Erbauers und dessen Rolle in Weimar erzählt.[9]

So eigenwillig die Villa von außen wirkte, so konventionell bürgerlich war sie innen. Küche und Dienerstube lagen im Souterrain, Speiseaufzug und Nebentreppe dienten der unauffälligen Andienung der übrigen Etagen. Die Wohnräume nahmen das Hochparterre ein, die Schlafräume der Herrschaft das Obergeschoss und die Stuben des Personals das Dachgeschoss. Eigenwillig und konventionell zugleich – van de Veldes Mischung muss auf die Freunde ansprechend gewirkt haben, denn Helene von Nostitz erinnerte sich noch in späteren Jahren an die besondere Atmosphäre des Hauses: »Als ob der Boden sich gewölbt hätte, wächst unter den großen Kastanienbäumen der Belvedereallee van de Veldes Haus, klein, fest und organisch wie eine Pflanze aus der Erde, davor hohe Sonnenblumen und bunte Stauden und das Summen der Bienen.«

Betrete man das Haus, komme man in einen Raum, aus dem eine weiße Treppe aufwärts führe. Dort stehe »ein schwarzer Flügel und daneben eine schwarze Lampe. In der Mitte mattrote Sofas. Auf dem Boden liegt ein Teppich, der die Farben des Sonnenuntergangs widerspiegelt. In dem Schreibzimmer, das niedrig und halbdunkel zur Konzentration einladet, und wo die nervige Büste van de Veldes von Kolbe steht, leuchten bunte exotische Schmetterlinge aus Glaskästen; sonst sind nur noch die Bücher farbig – keine Gemälde an den Wänden.«[10]

Eine klare Herbheit liege über all diesen Räumen, und wunderbar feierliche Abende habe es hier gegeben. »Ich entsinne mich noch, wie stark mein Eindruck bei einem Vortrage war, als um das schwarze Klavier in dem hallenartigen Raum Frauen in der Tracht und mit dem Schmuck der Zeit umhersaßen, den van de Velde selbst entworfen hatte. Exotische Batikstoffe mit kleinen Halsausschnitten, meist grüne Steine an einfachen langen Ketten, dazwischen die schwarzen Anzüge der Herren.«[11]

Fast täglich versammelte sich der Kreis der gerade in Weimar weilenden Freunde in jenen Jahren entweder in der Villa Silberblick, im Haus Hohe Pappeln oder in der Tiefurter Allee um Helene von Nostitz selbst, die mit ihrer Familie für ein paar Jahre nach Weimar gezogen war. Einladungen, Feste und Vorträge reihten sich in ununterbrochener Folge aneinander. Man wanderte am Abend, so Helene von Nostitz, durch die schönen Alleen von einem Freundeskreis zum anderen, wo überall van de Velde gewaltet hatte, und jedes Haus sei in seiner Art ganz verschieden gewesen.

»Bei Ludwig von Hofmann ein feuriges Rot im weißen Eßzimmer, aus dem der schöne, dunkle ägyptische Kopf Frau von Hofmanns mit seinen schweren schwarzen Haarflechten herausleuchtete. In unserer

Tiefurter Allee der mächtige, geschwungene Schreibtisch aus rotem amerikanischem Padukholz mit den gleichfarbigen Bücherschränken, die wie zwei Monumente auf beiden Seiten sich erhoben, während die gewaltigen grauen Stühle, auf dem dunkelblauen Teppich verteilt, hier und da zur Betrachtung einluden. Eine Marmorbüste von Rodin aber schaute träumerisch über die Nachdenklichkeit des Schreibzimmers hinweg. In dem Eßzimmer mit der hellgelben Wand, auf der die Landschaften von Signac und Rysselberghe erglühten, umgaben die lila Samtstühle den Tisch wie geöffnete Orchideen.«[12]

Auch der Außenraum wurde in die feierliche Inszenierung der Abende einbezogen. Im parkähnlichen Garten der Tiefurter Allee veranstaltete Helene von Nostitz Theateraufführungen mit echten Schauspielern. Beim Fest zu ihrem Abschied von Weimar traten aus den Büschen fackelschwingende Nymphen, umtanzten einen Faun und verschwanden wieder im Dunkeln. Musik erklang und forderte die im Stil der Goethezeit kostümierten Gäste zum Tanz auf, »und schließlich tanzte alles in der Sternennacht. Traum und Wirklichkeit vermischten sich mehr und mehr. Es war ein phantastisches Fest.«[13]

Traum und Wirklichkeit vermischten sich hier im kleinen Theater wie im großen, das sich vor allem unter Max Reinhardt in Berlin von der hässlichen Wirklichkeit ab- und der schönen Illusion zugewandt hatte. Reinhardt fand, das Theater solle den Menschen wieder ein Ort der Freude sein, der »sie aus der grauen Alltagsmisere über sich selbst hinausführt in eine heitere und reine Luft der Schönheit. Ich fühle es, wie es die Menschen satt haben, im Theater immer wieder das eigne Elend wiederzufinden und wie sie sich nach helleren Farben und einem erhöhten Leben sehnen.«[14]

Mit Shakespeares *Sommernachtstraum* im Neuen Theater am Schiffbauerdamm in Berlin gelang Reinhardt 1905 ein Meisterwerk schönster Illusion. Hügel, bewachsen mit Birken, Eichen und Tannen mit dicken Stämmen, ein beleuchteter See, Sterne am Nachthimmel. Elfen trippeln zum See und kugeln eine schräge Bahn hinunter, haschen nach Glühwürmchen in Form elektrischer Glühbirnen. Sie tanzen einen Reigen und lassen ihre Schleier im Winde flattern. Quellen rieseln, Wolkenschleier und Nebelstreifen tauchen die Bühne in dunstiges Licht.

Reinhardts Inszenierungen waren wie van de Veldes Wohnungen und Häuser kunstvoll komponiert und bis ins kleinste Detail mit Bedeutung aufgeladen. Form und Lage eines Milchtopfs konnten die Welt erklären oder erschüttern. »Es war nicht gleichgültig«, schrieb Helene von Nostitz anlässlich einer Aufführung des *Clavigo*, »wie ein Buch dalag, wie ein Bild an der Wand hing.«[15]

Momente der ästhetischen Erfahrung alltäglicher Erscheinungen waren den Freunden Augenblicke der Offenbarung. »Eine Gießkanne«, so Hofmannsthal im Chandos-Brief, »eine auf dem Felde verlassene Egge, ein Hund in der Sonne, ein ärmlicher Kirchhof, ein Krüppel, ein kleines Bauernhaus, alles dies kann das Gefäß meiner Offenbarung werden.«[16] Schon ein Weniges wie der Zusammenklang zweier Farben könne für sensible Naturen lösen, was verbunden war, und es neu zusammenfügen. Dinge und Farben hätten Gewalt über sie in seltsamen Stunden, als enthielten sie die ganze Welt und das ganze Dasein, als seien sie eine Sprache, in der das Wortlose, das Ewige aufscheine.[17]

DAS LAND DER SEHNSUCHT

Fackelschwingende Nymphen, die einen Faun umtanzen, bei den Gartenfesten der Nostitz, ein Abguss des Parthenonfrieses über dem Kaminsims in Kesslers Weimarer Domizil – das Land, nach dem die Freunde sich sehnten, war ganz offensichtlich nicht das wilhelminische Deutschland, sondern das antike Griechenland. Von Nietzsche geleitet, sprachen sie den alten Griechen eine Gesundheit und Vollkommenheit zu, die ihnen selbst verwehrt schien, denn sie fühlten sich »sehr verschieden von den Griechen, welche in ihrer Kunst das Aus- und Überströmen ihres eigenen Wohl- und Gesundseins empfanden und es liebten, ihre Vollkommenheit noch einmal außer sich zu sehen.«[1]

Wohl- und Gesundsein der Griechen hatten, so glaubten die Freunde, eine Kunst entstehen lassen, die ihnen umso vollkommener schien, als sie immer innerhalb sorgsam gehüteter Schranken fester Sitten, Regeln und Konventionen geblieben war. So zeige sich in der strengen, einfachen Grazie der Linien und Proportionen des Parthenon das Wirken eines tradierten Kanons vollendeter Schönheit. Ihrer Zeit selbst sei ein solcher Kanon nicht mehr gegeben, daher finde sich nirgends so etwas wie wahre Einfachheit, weder im Leben noch in der Kunst. Ihre Generation sei wohl die erste, die hätte erfahren müssen, welche Gefahr durch die immer schneller fortschreitende Zivilisierung dem Menschen drohe: ohne die Stütze der Tradition den unbegrenzten Möglichkeiten und Versuchungen des Neuen zu erliegen.

Und so hätten sie erkannt, resumierte Kessler, dass sie sich selbst erst neu erschaffen müssten. Was ihnen not tue, sei nicht bloß eine neue Weltanschauung, »eine neue philosophische oder religiöse Deutung des Lebens, sondern, wie Nietzsche sagte, vor allem ›etwas Neues zu sein, etwas Neues zu bedeuten, neue Werte darzustellen‹.«[2] Stück für Stück habe Nietzsche mit dem »Monsterfeuerwerk seines Geistes« ihr überkommenes moralisches Rüstzeug in Rauch aufgehen lassen und damit ihre Generation stark beeinflusst. Ohne allein den Verstand anzusprechen, habe er – eine Art mystischer Einbruch in eine rationalisierte und mechanisierte Zeit – heroische Gesinnung als Grundlage einer neuen Sittlichkeit gepredigt. »Er spannte zwischen uns und den Abgrund der Wirklichkeit den Schleier des Heroismus. Wir wurden durch ihn aus dieser eisigen Epoche wie fortgezaubert und entrückt.«[3]

Die Quelle eines neuen, reineren Menschentums, das nichts gemein habe mit den überreizten Nervenkräften der gerade herrschenden kultivierten Klasse Europas, vermuteten sie in der griechischen Antike finden zu können. Allein in der Rückbesinnung auf die Wurzeln des hellenischen Geistes liege, so glaubten die Freunde, für die gegenwärtige kranke Kultur die Möglichkeit einer Erlösung. Um diesen Geist vor Ort selbst zu erspüren, zog es sie – Herodot, Pausanias, Sophokles und Platon im Kopf – nach Griechenland, ohne Nietzsches Warnung zu bedenken: »Wenn wir von den Griechen reden, reden wir unwillkürlich zugleich von Heute und Gestern: ihre allbekannte Geschichte ist ein blanker Spiegel, der immer Etwas widerstrahlt, das nicht im Spiegel selbst ist.«[4]

Als Erster hatte Kessler 1899 und noch einmal 1900 den Boden klassischer Kunst bereist und Bodenhausen in schwärmerischen Briefen von der geheimnisvollen Begegnung berichtet. Die Akropolis sei ihm das Schönste auf Erden, die griechische Kunst des 5. Jahrhunderts v. Chr. die einzig befriedigende. Wie ein Idiot stehe er stundenlang vor einer Säule des Parthenon und staune. Noch das kleinste Bruchstück aus dieser Zeit berge ein Geheimnis, das ihn hypnotisiere.

Im Februar 1903 reiste van de Velde gemeinsam mit dem Ehepaar Herrmann aus Anlass einer Mittelmeerkreuzfahrt ebenfalls nach Griechenland. Schnell glaubte er erkennen zu können, dass die alten Griechen wie er selbst der Theorie vernunftgemäßer Gestaltung verpflichtet gewesen seien. Vor allem im Parthenon kristallisierten sich ihm jene Gesetze reiner Vernunft und innerer Notwendigkeit, die er selbst befolgte, und er fühlte sich in seinem eigenen Weg bestätigt. Noch sei der wahrhaft große Geist, dem die griechische Kunst entsprungen sei, nicht tot, wie viele meinten, noch sei auch ihre eigene Zeit fähig zu gleichwertiger Schöpfung. »Noch ist in unserer Mitte sein Pulsschlag so lebendig und so unverbraucht, wie vor dreitausend Jahren. Er wird leben, solange die Menschheit fähig ist, auch nur einen einzigen Gegenstand, ein einziges Ding vernünftig zu erfassen.«[5]

Im Frühling 1907 machten sich mit großem Gepäck und hohen Erwartungen auch Gerhart Hauptmann und Ludwig von Hofmann auf den Weg. Hauptmann schrieb über die Reise eine kleine Skizze, *Griechischer Frühling*, die er 1908 veröffentlichte und in der er hymnisch von dem unvergleichlichen Erlebnis berichtete. Auch wenn ihm bereits vor der Reise Griechenland eine Hauptprovinz europäischen Geistes gewesen sei, auch wenn die Vorgänge der *Odyssee*, die er immer wieder gelesen habe, seine Phantasie schon lange beschäftigt hätten und sein Geist auf dem Götterfelsen der Akropolis heimisch gewesen sei, es sei doch etwas anderes, selbst die steilen Marmorstufen hinaufzusteigen.

In Olympia habe ihn staunende Heiterkeit erfasst angesichts des morgendlichen harzigen Kiefernnadeldufts. Plötzlich sei ihm das Griechentum nah gewesen, er habe sich heimisch gefühlt. Vieles erinnere ihn an seine schlesische Heimat. Alles sei hier von einer erfrischenden, beinahe nordischen Einfachheit. »Eine Empfindung überkommt mich, als sähe ich diese Fluren nicht zum erstenmal. Das Vertraute daran ist, was überrascht. Ich kann nicht sagen, daß mich etwa je auf der italienischen Halbinsel eine Empfindung des Heimischen, so wie hier, beschlichen hätte.«[6]

Das Einzige, was störend zwischen Hauptmann, den Geist der Vergangenheit und die Empfindung des Heimischen trat, war das moderne Athen. Eine Stadt, die durchaus, so schrieb er, überwunden werden müsse, denn außer ihr wirke alles so gesund und natürlich, dass der wahrhaft europäische Geist zum Griechischen nichts als Liebe fühlen könne. Die Heiterkeit attischer Kunst und Landschaft scheine ihm die höchste menschliche Lebensform. Der Parthenon sei ein einziger Ausdruck von Kraft und Ernst, gesteigert zu Drohung und Härte. Er selbst habe das »schwächliche Griechisieren, die blutlose Liebe zu einem blutlosen Griechentum niemals leiden mögen. Deshalb schreckt es mich auch nicht ab, mir die dorischen Tempel bunt und in einer für manche Begriffe barbarischen Weise bemalt zu denken.«[7]

Alles erschien Hauptmann nordisch und deutsch: Der Wind, das Wetter, die Luft, ja sogar der Parthenon, der so stark und machtvoll, so ganz ohne südländisches Pathos wie in einem deutschen Grasgarten stehe. Auch um Delphi fand Hauptmann die Landschaft nordisch, schienen ihm die Bauern ein veredelter deutscher Schlag, »so überaus vertraut in Haltung, Gang und Humor, in den Proportionen des Körpers, sowie des Angesichts, mit dem blonden Haar und dem blauen Blick, wirken auf mich die Trupps der Landleute.«[8]

Im Stadion schließlich erschloss sich Hauptmann die griechische Seele in all ihrem Reichtum. Hier im friedlichen Wettkampf der Jugend habe sie ihre reinsten Tugenden entwickelt, zum ersten Mal echte Kultur gezeigt. »Hier ist für die Schönheit und den Adel des Körpers der Muttergrund. Hier wurde das schon Geschaffene umgeschaffen, das Umgeschaffene zum ewigen Beispiel und auch als Ansporn für höhere Artung in Erz oder Marmor dargestellt.«[9]

Während viele Leser Hauptmanns Beschreibung seiner Reise teils spöttisch, teils höhnisch kommentierten, begrüßte Bodenhausen das Reisebuch als eines der tiefsten und lautersten Bücher der Weltliteratur.[10] Auch Kessler, dem das Buch gewidmet war und der es im Mai 1909 in der *Neuen Rundschau* besprach, reagierte enthusiastisch.

Hauptmann habe mit vollkommener Klarheit erkannt, dass Kultur erst als »fleischliche Bildung zu kraftvoll gefestigter, heiterer, heldenhaft freier Menschlichkeit« entstehe. Denn nur Heiterkeit könne wirklicher Zweck des Lebens sein, und sie bedürfe höchstmöglicher physischer und seelischer Kraft. Zu Recht verweise Hauptmann daher auf den Vorbildcharakter der Griechen und ihren »Züchtungsgedanken«, auf ihre Hirtenweisheit, »die sich bei der Paarung von einer sorgfältigen u. bewussten Schätzung des zu erwartenden Produkts leiten lässt.«[11] Zu Recht halte er die Erziehung des Körpers durch Spiel und Sport für dringend erforderlich und sehe im Stadion den herrlichsten Teil der griechischen Kultur, denn geistige Kultur sei nichts weiter als verfeinerte körperliche Kultur. Eine Vergöttlichung der Welt werde nur durch eine Vergöttlichung des Leibes erreicht. »Aus dem Grunde der Stadien sprossten, nackt, die athletischen Stämme einer göttlichen Saat des Geistes hervor.«[12]

Vielleicht durch Hauptmanns hymnische Beschreibung angeregt, reiste Kessler im Mai 1908 noch einmal nach Griechenland, diesmal zusammen mit Hugo von Hofmannsthal und Aristide Maillol. Van de Velde, der im Sinne einer Trias der Künste ebenfalls hätte mitfahren sollen, hatte abgesagt. Doch die Reise stand unter keinem günstigen Stern. Als Kessler mit Hofmannsthal in Athen einen ersten Spaziergang machte, wartete er vergeblich auf ein Zeichen der Begeisterung. Hofmannsthal habe kaum nach der Akropolis geschaut, sondern nur nach den modernen Häusern, die auf den Bergen zu sehen waren. Hofmannsthal habe sich laut gefragt, was wohl Goethe getan hätte, wenn er auf den Isthmus gekommen wäre. Vielleicht wäre er niedergefallen und hätte die Erde geküsst. Ihm dagegen sei der Glaube ans Griechentum, das für ihn nichts Greifbares mehr habe, verlorengegangen. Er sei enttäuscht.

Da Hofmannsthal spürte, wie sehr seine Enttäuschung Kessler verletzte, besichtigte er zwei Tage später die Akropolis allein und konnte doch noch von einem wunderbaren Erlebnis berichten, nur um am nächsten Tag Kessler mitzuteilen, er werde nicht mehr lange bleiben. Er sei sich selbst ein Rätsel, doch er habe sich noch nie von irgendwo so fortgewünscht wie von hier. Kessler dürfe nicht vergessen, »wie prekär sein Verhältnis zur bildenden Kunst überhaupt sei. Nun sei er hier mit zwei Menschen zusammen, von denen der Eine Künstler sei, der Andre ganz und gar mit seinen Interessen in der Kunst aufgehe.«[13] Zudem müsse er wegen Maillol immer nur Französisch reden. Für einen Dichter aber sei der Verlust der eigenen Sprache unerträglich.

Am 5. Mai schlug Hofmannsthal vor, eine Tour durch den Peloponnes zu Pferd zu machen, ohne Maillol, der nicht reiten wollte. Doch Kessler meinte, da ihm selbst das Griechische so viel bedeute, sei ein solcher Ritt nur dann sinnvoll, wenn es Hofmannsthal gelänge, eine positivere Einstellung zu gewinnen, sonst werde das Ganze auch für ihn zu einem zweifelhaften Vergnügen. Am gleichen Tag sei Hofmannsthal dann noch einmal allein auf die Akropolis gegangen und habe ihm, so Kessler, von einem weiteren unvergesslichen Nachmittag berichtet. Die Koren im Museum hätten ihn auf das allertiefste ergriffen. Aber auch dieses Erlebnis konnte Hofmannsthal nicht umstimmen. Am 11. Mai reiste er ab.

Hofmannsthal hatte als Einziger unter den Freunden keinen günstigen Eindruck von Griechenland gewonnen, das er sich als ein etwas anderes Italien vorgestellt und dann so bedrohlich fremd gefunden hatte. Die rohe Wirklichkeit der Bergwelt, das Dionysische, das er überall walten sah, zerstörten seine Illusion eines lieblichen Arkadiens und stießen ihn ab. Im Gegensatz zu Hauptmann, der sich Griechenland eindeutschte und sich im Übrigen ganz dem Dionysisch-Rauschhaften verschrieb, fand Hofmannsthal: »Man kennt nichts. Ich werde aus diesem Land gehen, ohne es gekannt zu haben.«[14]

Obwohl sein Aufenthalt nur kurz war, hielt Hofmannsthal seine Reiseeindrücke in mehreren, zum Teil längeren Texten fest. Eine Reise dahin, so schrieb er in der Einleitung zu einem Fotoband, sei eine »geistige Pilgerschaft«. Der erste Eindruck sei eine trockene, karge, ausdrucksvolle Landschaft, die von einem scharfen und zugleich milden Licht beschienen sei. »Was in diesem Licht lebt, das lebt wirklich: ohne Hoffnung, ohne Sehnsucht, ohne Grandezza: es lebt.«[15]

Doch das bloße Leben und Überleben, so schrieb er in einem anderen Text, befremde. Das Animalische und das Göttliche bilde eine gänzlich von der unseren verschiedene, seltsam heroische Welt, die von ihm nicht mehr erfahrbar sei. Auf der Akropolis auf einem Trümmer sitzend habe ihn ein Hauch von Verzagtheit gestreift. Ihm sei klar geworden, dass diese Griechen längst dahin seien, und er habe sie dafür gehasst. »Wo ist diese Welt und was weiß ich von ihr! Wo fasse ich sie? Wo glaube ich sie?« Alles nur tote Steine, die nicht zu beleben seien, zumindest nicht durch ihn. Nichts an ihnen spiele auf die Welt an, aus der er komme, sein ganzes Innere habe sich aufgelehnt. »Unmögliche Antike, sagte ich mir, unmögliches Beginnen, vergebliches Suchen.«[16]

RÜCKZUG IN VERTRAUTE ENKLAVEN

Galt van de Velde 1903 noch als frische, hoffnungsreiche Kraft, schien er fünf Jahre später, er fühlte es selbst, bereits verbraucht und fehl am Platz. »Ich habe mich«, so schrieb der nun 45-Jährige an Kessler, »noch nie so fremd in Deutschland gefühlt wie gerade jetzt. Ich fühle mich hier wie eine alte Hyäne, in einem Käfig.«[1]

Aus dem jungen Rebell, angetreten, die Welt neu zu gestalten, war zunächst ein hoffnungsvoller Maler geworden, dann ein gescheiterter kunstgewerblicher Unternehmer, dann ein Hofbeamter in der deutschen Provinz und Fachmann für die vornehme Gestaltung luxuriöser Lebensräume. Aus der expressiven Heiterkeit kraftvoller Linien, die wie ein Frühling in das Leben eingebrochen war, hatte sich als Herbstzeit der zurückhaltende Ernst schwerfälliger Körperlichkeit entwickelt. Die Begeisterung und die Glaubenskraft der Jugend waren zwar nicht ganz versiegt, doch die Erinnerungen an erlittene Kränkungen und Niederlagen gewannen mehr und mehr die Oberhand.

Häufig zog sich van de Velde nun nach Schwarzburg in Thüringen zurück, in das tief im Wald gelegene Försterhaus, das ihm das Fürstenpaar zu Schwarzburg-Rudolstadt als Unterschlupf zur Verfügung stellte. Das war, was er schon immer gewünscht hatte: »einen Winkel zu haben, wohin ich mich zurückziehen konnte, einen Ort, den niemand – nicht einmal meine Frau – kennen sollte«.[2]

Schwarzburg bot van de Velde den nötigen Ausgleich zum Presto des Lebens, zu dem er durch die vielen Aufträge getrieben wurde und sich willig treiben ließ. Weiterhin entwarf er Villen, Möbel und Einrichtungen, unterrichtete an der Kunstgewerbeschule, reiste quer durch das Land, um Vorträge zu halten, schrieb Bücher und Aufsätze. Als Kessler ihm riet, das Stipendium des Künstlerbundes anzunehmen und sich in der Villa Romana in Florenz ein paar Monate Sammlung und Erholung zu gönnen, lehnte van de Velde ab. Er könne Weimar nicht verlassen; er habe zu viele Aufträge abzuwickeln und fürchte zudem, einen anderen Direktor der Kunstgewerbeschule vorzufinden, wenn er zurückkehre, der Posten sei zu begehrt.[3]

Stattdessen zog er sich im Juli 1909 für zwei Monate zur Kur in das Sanatorium Bellevue in Kreuzlingen am Bodensee zurück. Er kam auf Empfehlung Otto Binswangers, Professor für Psychiatrie und Direktor der Landesheilanstalt in Jena, unter dessen ärztlicher Obhut Nietzsche gestanden hatte. Sein Bruder, Ludwig Binswanger, war Leiter des Sanatoriums, einer renommierten psychiatrischen Privatanstalt, in die Sigmund Freud schon in den 1890er Jahren Patienten geschickt hatte. Die Klinik galt als fortschrittlich, da die Nerven- und Suchtkranken von den Geisteskranken getrennt und in familiärer Atmosphäre behandelt wurden – mit Schlaf- und Diätkuren, Hydrotherapie, Hypnose und Psychotherapie. Mehr als die Hälfte der Patienten gehörte der Oberschicht an, die häufigste Diagnose war bis 1908 die Neurasthenie.

Das Sanatorium bestand aus villenartigen Gebäuden, die verstreut in einer weitläufigen Parklandschaft lagen. Die Patienten wohnten in kleinen Gruppen zusammen – es gab auch Einzelhäuser für reiche Patienten, die von weit her kamen und ihre Angehörigen mitbrachten – und konnten zwischen Geselligkeit und Rückzug wählen. Bellevue war so bekannt, dass es Eingang in die Literatur fand. Im dreizehnten Kapitel seines Romans *Radetzky-Marsch* erzählt Joseph Roth von einer Anstalt am Bodensee, »in der verwöhnte Irrsinnige aus reichen Häusern behutsam und kostspielig behandelt wurden und die Irrenwärter zärtlich waren wie Hebammen.«[4]

Van de Velde allerdings – er klagte über Müdigkeit und totalen Kräfteverfall – kam, wie er Curt Herrmann schrieb, nach Bellevue nur zur Erholung. Dr. Binswanger habe ihm hierzu eine strenge Kur verordnet: fast den ganzen Tag liegen, Massagen und Bäder.[5] Ansonsten scheint er interessiert das ungewöhnliche Milieu studiert zu haben. »Die Patienten«, so erinnerte er sich, »kamen aus der deutschen Industrie- und Finanzwelt, aus der internationalen Diplomatie und aus der Aristokratie von ganz Europa; Neurastheniker verschiedenen Grades, teils in geschlossenen Häusern, teils in der offenen Villa Bellevue, wo sich Überarbeitete, Lebemänner, hysterische Damen und Alkoholiker der ausgezeichneten Kur unterzogen.«[6]

Van de Velde erholte sich und nahm im folgenden Jahr als Vertreter Deutschlands an der Weltausstellung in Brüssel teil. Er bekam vom belgischen König das Ritterkreuz des Leopold-Ordens verliehen und bedankte sich mit einem Brief, den er veröffentlichte, für die Ehre. Zugleich hob er die große Bedeutung des königlichen Einflusses auf die Entwicklung der Künste und den allgemeinen Geschmack eines Landes hervor, wohl in der Hoffnung, vom König nach Belgien berufen zu werden, denn er empfand »zum ersten Male nach so vielen Jahren der Abwesenheit von Belgien das Gefühl von Heimweh.«[7]

Auch Rudolf Alexander Schröder stellte in Brüssel aus: ein kokett verspieltes Ankleidezimmer in gewohnt eleganter Manier mit einer mondänen Fülle von Möbeln aus Rosenholz, vergoldeten Medaillons, handgemalten Rosen und Girlanden an den Wänden. Er wurde zwar ebenfalls mit einer Goldmedaille ausgezeichnet, doch von van de Velde wieder einmal nicht erwähnt, der Kessler vielmehr enttäuscht mitteilte, die kunstgewerbliche Bewegung sei ins Stocken geraten. Ein toter Punkt sei erreicht, »weil die Arbeiter kein Leben, keine Liebe in ihre Arbeiten hineinlegten; es sei Alles ganz korrekt, aber leblos. Er sehe auch nicht recht ein, wie man das Fehlende hineinbringen könne«.[8]

Einen toten Punkt hatte auch van de Velde selbst erreicht, obwohl er nach wie vor gut zu tun hatte. Er plante das Théâtre des Champs-

Elysées in Paris, baute ein Pastorat in Riga und eine ganze Reihe von Villen in Weimar, Gera, Hagen, Hannover und Chemnitz. Er reiste viel, hatte ein Haus in Weimar, eine Wohnung in Paris und war häufig Zaungast gesellschaftlicher Ereignisse. Doch wie erfolgreich und mondän das Leben auch sein mochte, van de Velde fühlte, dass etwas Altes zu Ende ging und etwas Neues hätte beginnen müssen, das doch nicht begann. Alles schien ihm stillzustehen. Nichts war mehr Aufbruch. Doch sich noch einmal neu zu erfinden fehlte ihm Kraft wie Anlass. Was blieb, war Verharren im Vertrauten und Rückzug auf Konventionen, eine Haltung, die seine Arbeiten in diesen Jahren bestimmte.

Wie schon das Haus Hohe Pappeln und den Hohenhof versah van de Velde die Villen seiner Auftraggeber mit tief heruntergezogenen Dächern und bastionsartigen Erkern. Statt heiter-harmonischer Räumlichkeiten für Freunde entstanden nun ernste, solide Villen für großbürgerliche Zeitgenossen, die ihre herrschaftlichen Ansprüche an das Wohnen künstlerisch befriedigt sehen wollten und sich bei van de Velde in guten Händen fühlten.

Die Villa, die er 1912 für den Grafen Dürckheim-Montmartin in der Cranachstraße in Weimar baute, wurde ein mächtiger, blockhafter Kubus mit vorspringendem Risalit, der die Fassade beherrscht. Streng symmetrisch zeigt sich die Gartenfassade mit ihrem von einem mächtigen Walmdach überhöhten Hauptbau und den wuchtigen, polygonalen Seitenrisaliten, die eine Gartenterrasse einfassen. Auch im Inneren herrscht nun Ordnung und Strenge. Eine Hauptachse verbindet Vestibül, Großen Salon und Terrasse, eine Nebenachse Kleinen Salon, Großen Salon und Herrenzimmer, eine weitere Nebenachse Speisezimmer, Großen Salon und Halle. Die einzige Abweichung vom üblichen Schema ist eher eine Ungeschicklichkeit: Vom Eingang führen ein paar Stufen auf ein Podest und man steht, statt auf der Hauptachse weiterzuschreiten, vor einer marmornen Wand. Man weiß nicht, soll man sich nach links oder rechts wenden, wo weitere Stufen ins hoch gelegene Erdgeschoss hinaufführen. Die Stufen links führen zu einem kleinen Vorraum zwischen Bedienstetentreppe und Speisezimmer, die Stufen rechts zur Halle. Erst in der Halle erschließt sich dem Besucher der axiale Zusammenhang der Räume.

In der Villa Dürckheim gibt es keine Wohnhalle mit freischwingender Treppe mehr, keine Galerie, von der die Räume übersichtlich erschlossen werden. Die Treppe liegt nun in einem eigenen Raum, dessen Eingang man nur im Vorbeigehen wahrnimmt. Herz des Hauses ist der Große Salon, ein achteckiger Raum mit einem vorgelagerten Rechteck, das den Kleinen Salon mit dem Herrenzimmer verbindet. Wie in vielen Häusern finden sich nun auch hier reich verzierte Stuckleisten, farbige Friese, Deckenkonsolen und wappengeschmückte Vestibüle.

Während die Häuser von außen immer wuchtiger und monumentaler wurden, mutierte im Inneren das freie Linienspiel van de Veldes in diesen Jahren zur überladenen Ornamentik vergoldeter Schnitzereien und üppiger Stuckpartien. »Die Möbel und Raumausstattungen der Jahre nach 1910 werden zunehmend schwer, lastend und kantig oder zeigen sich merkwürdig verspielt; auch arbeitet van de Velde verstärkt wieder mit einer Ornamentik, die man in den drei, vier Jahren vor 1914 nur noch als barock bezeichnen kann.«[9]

Die Gruppierung der Räume um eine Halle, den wohnlichen Lebensmittelpunkt einer Familie, wich nun immer häufiger einer strengen Folge von Haupt- und Nebenachsen. Statt sich wie in Haus Bloemenwerf nach außen zu öffnen, ziehen sich die Räume wie nach innen zurück. Nichts erinnert mehr an die heitere Behaglichkeit des ersten Heims, alles dient vielmehr einer großbürgerlichen Lebensführung, deren Zuschnitt aristokratische Formen usurpiert.

Die Freunde dagegen wohnten weiter wie gewohnt mit offener Halle, neoimpressionistischer Kunst und den Möbeln van de Veldes, doch der Kontrast zum Leben draußen störte sehr. Als Kessler im Mai 1911 Helene von Nostitz in Auerbach besuchte, fühlte er, wie notwendig es vielerorts geworden war, die harmonische Innenwelt von der rauen Außenwelt abzuschotten. »Zu Nostitzens nach Auerbach. Industriedorf in einer schmalen Thalsohle mit grünen Hügeln zu beiden Seiten. Rauch und Fabrikschornsteine kontrastierend mit Feldern und Vogelsang abscheulich, eine nicht zu bewältigende Disharmonie. Im Hause bei Nostitzens bei geschlossenen Fenstern und Vorhängen fühlt man sich in einer gewohnten Welt; aber sobald man hinaussieht, starrt Einem dieser Zwiespalt wie etwas Ungeheuerliches, wie ein Riß durch die Natur entgegen.«[10]

Der einzige, der sich noch, von missionarischem Eifer durchdrungen, der Macht des Faktischen entgegenzustemmen versuchte, war Karl Ernst Osthaus. Er plante, die Gartenstadt, die er auf dem Bergplateau oberhalb Hagens, auf dem sein Hohenhof stand, in Angriff genommen hatte, zu erweitern – mit einem Museum, einem Stadion und einer Art Sonnenbad, wo die modernen Menschen, die dort wohnen sollten, nackt reiten, turnen, im Wald liegen und sich vergnügen könnten. Auf Kessler, der Osthaus im Dezember 1911 in Hagen besuchte, wirkte diese Idee wie ein Lichtpunkt über dem Inferno der hässlichen Industriestadt. »Der Kontrast dieser Zukunftsbilder mit der öden, schmutzigen, verrussten, das Gemüt bedrückenden Fabrikstadt Hagen von heute ist packend.«[11]

Auch wenn Kessler Osthaus für seinen ungebrochenen Optimismus bewunderte, verlor er doch mehr und mehr den Glauben an die Kraft und Fähigkeit der oberen Stände, eine neue Kultur schaffen zu können. Als er im gleichen Jahr Bodenhausen in Essen besuchte, glaubte er an der Villa der Familie Krupp sehen zu können, wie sehr die Führungsschicht des Landes ästhetisch und damit kulturell abgewirtschaftet hatte. Die Villa Hügel, hoch über der Stadt und weitab von Lärm und Hitze der Fabriken gelegen, erschien ihm mit ihren 269 Räumen und 8100 Quadratmetern Fläche nur noch pompös. Das Ganze, imposant in den Dimensionen, abscheulich im Geschmack, zeige in Bau, Bildern, Möbeln und Lebensführung lediglich einen ins Riesenhafte gesteigerten Bourgeois-Haushalt, doch nichts Neues.

Die Wohnsiedlung für die Arbeiter und Angestellten der Firma auf der Margarethenhöhe dagegen fand Kessler – es war sein erster literarisch verbürgter Kontakt zu den Wohnhäusern einfacher Leute – überraschend reizvoll. Hier sehe man überall erstaunt, welche Fortschritte die Architektur in den letzten zehn Jahren gemacht habe. Der Gegensatz zwischen dem heiteren Geschmack der Heime für die Arbeiter und Angestellten und »dem drückenden Ungeschmack bei Krupps selbst im eigenen Hause, ist sehr frappant.«[12]

Als Kessler 1911 Walter Rathenau in dessen Grunewaldvilla besuchte, fand er den Geschmack zwar besser, doch ebenfalls fragwürdig. Rathenau habe, so notierte er im Tagebuch, die Villa 1909 selbst entworfen und bis hin zu den Stuckornamenten, Tapeten und Möbeln selbst eingerichtet. Er sei dabei im Gegensatz zur Villa Hügel dem eher ärmlichen Stil des Biedermeiers gefolgt, als habe er einen Kontrast schaffen wollen zu seinem tatsächlichen Reichtum. Zwar habe er den Eindruck der Protzigkeit auf diese Weise weitgehend vermieden, nicht aber den der sentimentalen Geschmacklosigkeit einer allzu bescheidenen Pose. Auch sei ihm alles etwas steif und kalt geraten, zumindest innen und trotz niedlicher Ornamentik. »Er hat die Zimmer selbst gestrichen, und zwar im Biedermeierstil in lauter kalten, steifen Tönen: Kornblumenblau, Sepiabraun, Ockergelb; auf diesen kalten Anstrich dann überall Bildchen wie Reliefs von Thorwaldsen, bunte Blumenkränzchen, Amoretten mit merkwürdigen, plastischen Hinterbacken, noch dazu niedlich rot geschminkten; es ist, als ob wie wenn Alles, was unter der steifen bourgeois Fassade an toter ›Bildung‹, an kleinlicher Sentimentalität und an verkümmerter Erotik steckt, in dieser Ornamentik als Hautausschlag hervorbräche.«[13]

Auch Rathenaus Nachbarn, dem Theaterkritiker Alfred Kerr, fiel die Diskrepanz zwischen Innen und Außen als bemerkenswert auf. Rathenaus »brandenburgisches Spartanertum« habe die Öffentlichkeit getäuscht, denn es habe sich auf die Fassade beschränkt. »Von außen sehr schmucklos, nur innen allerlei Schönheit (...) so trog die märkischunscheinbare Front dieses betont einfachen Landhäusleins über den üppigen Inhalt.«[14]

Zur üppigen Ausstattung trugen die hundert Supraporten aus der Zeit von 1790 bis 1800 wohl nicht unwesentlich bei, die in Bremen auf dem Speicher einer alten Tapetenfabrik gefunden und von Rathenau aufgekauft worden waren. »Vielleicht bin ich«, so schrieb er einem interessierten Besucher, »in der Vorliebe für diese schönen, besonders farbig bemerkenswerten Stücke etwas weit gegangen, aber Sie werden die Schwäche nachempfinden.«[15] Rathenau selbst hielt diese Schwäche für lässlich, da sie unausweichlich in der Seelenlage des modernen Menschen begründet sei. Der Mensch fühle, dass er einmal Unersetzliches besessen, nun aber verloren habe, und strebe nach Ersatz: »Nun trachtet er, das Verlorene mit List wiederzugewinnen und pflanzt kleine Heiligtümer in seine mechanisierte Welt (...) Dennoch ist dieses Spiel nicht verächtlich, weil es aus Sehnsucht stammt. Aber es bleibt hilflos und kindisch, weil auf dem zitternden Boden der Mechanisierung arkadische Haine nicht gedeihen.«[16]

Die Sehnsucht nach einem arkadischen Hain inmitten einer mechanisierten Welt mag 1912 auch Curt und Sophie Herrmann bewogen haben, van de Velde noch einmal mit der Gestaltung und Einrichtung einer Wohnung zu beauftragen. Sie lag in der Berliner Knesebeckstraße, war 450 Quadratmeter groß, hatte zwölf Zimmer und schien, als sie endlich nach einem Jahr einziehen konnten, ihre Sehnsucht zu befriedigen. »Wir fühlen«, so Curt Herrmann an van de Velde, »uns in unseren neuen Zimmern, Stühlen, Sesseln, Sophas u. s. w. unbändig wohl und segnen jeden Abend, der uns erlaubt sie zu genießen, anstatt die häßlichen Sachen der meisten Berliner Salons aushalten zu müssen.«[17]

Die Herrmanns waren sich des hohen Anspruchs ihrer künstlerisch gestalteten Räume wohl bewusst – wie sehr, zeigt eine kleine Anekdote. Eines Tages erklärte Curt Herrmann einem Besucher, dass eine weiße Schale mit drei Pfirsichen auf der Anrichte für den farblichen Klang des Raumes unabdingbar sei. Was er dann aber mache, wurde er gefragt, wenn es einmal keine Pfirsiche gebe. Dann müssten sie eben die Wohnung zusperren und solange verreisen.[18]

DAS NIETZSCHE-DENKMAL

Während sich die Freunde weiterhin regelmäßig in Berlin oder Weimar trafen, war Kessler nach seiner Entlassung 1906 rastlos unterwegs. Hatten sie anfangs geglaubt, er sei über die Geschichte hinweg, begannen sie sich nun doch Sorgen zu machen. Der Graf sei ein paar Tage bei ihm in Wien gewesen, so Hofmannsthal an Nostitz, und erst jetzt habe er erkannt, »daß Harry in diesen Weimarer Vorgängen viel mehr und Härteres durchgemacht hat, als die Menschen ahnen, selbst die Menschen die ihm sonst befreundet sind.«[1] Kessler sei, so Bodenhausen an Hofmannsthal, von einer geradezu erschreckenden Nervosität und verbreite »um sich die ganze Atmosphäre von kernloser Beweglichkeit und Unruhe, von schillernden Möglichkeiten und Verheißungen, wie sie sein Leben erfüllen, aber beschwert noch durch eine kaum zugestandene Bitterkeit. Ich bin, ohne daß er es weiß, ganz unglücklich davon.«[2]

Zu Kesslers vierzigstem Geburtstag 1908 beschlossen die Freunde, ihm ein ganz besonderes Geschenk mit einer Glückwunschadresse zu überreichen – eine, wie sich schnell herausstellte, keineswegs einfache Angelegenheit. Das zuerst gekaufte Geschenk, ein chinesischer Gott in Bronze, musste, da ihm ein kleines Stück fehlte, umgetauscht werden. Man entschied sich stattdessen für eine chinesische Opferschale aus der Han-Dynastie. Hofmannsthal, mit der Abfassung der Glückwünsche beauftragt, verfasste einen Text, den Hauptmann, der die Schale recht schön fand, auf keinen Fall unterschreiben wollte. Hofmannsthal trat von der Aufgabe zurück, und ein anderer formulierte neue Wünsche. Die wirkten wiederum auf van de Velde, wie Hofmann seinem Freund Hauptmann berichtete, »zu wenig monumental«. Van de Velde finde auch die chinesische Bronzeschale scheußlich und habe darauf hingewiesen, dass Kessler ein viel schöneres altes Gefäß bereits besitze.[3]

Nach mehr als einjähriger Bemühung konnte man endlich dem Freund das Geschenk überreichen. Der Text der Glückwunschadresse lautete nun: »Lieber Graf Kessler, wir möchten unsere Dankbarkeit für Ihre selbstlosen Dienste im Interesse dessen, was Ihnen als edle und ehrliche Kunst jedweder Art erscheint, zum Ausdruck bringen und bitten Sie, einen kleinen Beweis unserer Wertschätzung für Ihre Tatkraft, Anteilnahme und nie wankenden Mut entgegenzunehmen.«[4] Unterzeichnet hatten dreißig deutsche, englische und französische Künstler, fast immer die Bedeutendsten der drei Nationen und darunter die Mitglieder des Kreises: Gerhart Hauptmann, Richard Dehmel, Curt Herrmann, Alfred Walter Heymel, Ludwig von Hofmann, Hugo von Hofmannsthal, Rudolf Alexander Schröder und Henry van de Velde.

Dieser Beweis der Wertschätzung mag Kessler über sein Scheitern in Weimar etwas hinweggetröstet haben. Noch besaß er offensichtlich wertvolle Beziehungen, auch wenn er längst nicht mehr als kommender Mann seiner Generation galt. Noch setzte man auf seine vielfältigen Begabungen, auch wenn seinem ständigen Unterwegssein immer weniger der Nimbus unternehmender Betriebsamkeit, als vielmehr das Odium ziellloser Unruhe anhaftete. Und doch sollte Kessler den Weimarer Kreis noch einmal mit einem groß angelegten Projekt furios beleben.

Inspiriert von van de Veldes Denkmal für den Physiker Ernst Abbe in Jena, einem achteckigen Bau mit Reliefs von Meunier und einer Büste Klingers, beschloss Elisabeth Förster-Nietzsche Anfang 1911, dem Bruder in Weimar ebenfalls ein Denkmal zu setzen – wohl auch in der Hoffnung, die nachlassende Spendenbereitschaft neu zu beleben. Mit

Entwurf für das Nietzsche-Denkmal in Weimar, Variante von 1912

der Durchführung betraute sie Kessler, mit dem Entwurf van de Velde, den sie um ein bescheidenes Monument bat, das im Garten des Archivs stehen sollte: »durchaus etwas tempelartiges, aber nicht zu teuer.«[5]

Gemeinsam entwickelten die drei den Plan eines freistehenden Bauwerks, einer Art Ehrensaal, in dem all die Kunstwerke, die Maler und Bildhauer von Nietzsche geschaffen hatten oder noch schaffen würden, nach und nach Aufstellung finden sollten. Vor dem Bauwerk in Form eines kleinen Tempels dachten sie sich Statuen Maillols, im Inneren sollte eine zweite Nietzsche-Büste Max Klingers stehen, die Wände sollten Zitate des Meisters zieren. Der Tempel sollte auf dem Gelände unterhalb des Archivs erbaut werden, das man ankaufen und in einen Nietzsche-Park umwandeln wollte. Das Geld hoffte man durch eine Subskription aufzubringen, durch Konzerte, Vorträge und den Verkauf von Nietzsche-Faksimiles. Zur Organisation des Unternehmens gründete Kessler ein Komitee, das sich im März 1911 im Automobilklub Berlin zum ersten Mal traf. Zur Runde gehörten neben Industriellen wie Walther Rathenau und Bankiers wie Julius Stern auch europäische Geistesgrößen wie André Gide und Hugo von Hofmannsthal. Kessler übernahm den Vorsitz.

Van de Velde begann erste Skizzen zu machen, und obwohl er sich zwecks Einstimmung in das Thema wieder einmal in Nietzsches Werke vertiefte, glich der Entwurf doch unübersehbar dem bescheidenen Abbe-Denkmal. Kaum fertig, war er schon überholt, denn Kessler trug sich bereits mit einer neuen, deutlich ehrgeizigeren Idee. Er dachte sich das Nietzsche-Denkmal nun als griechischen Tempelbezirk: Tempel und Hain inmitten monumentaler Umfassungsmauern. Und bald nahm der Plan noch größere Dimensionen an. Der Tempelbezirk sollte nun, so erklärte Kessler Mitte April Julius Stern, den Ertüchtigungsgedanken der alten Griechen aufnehmend, um ein Stadion erweitert werden. Denn nur wenn wieder im Nietzscheschen Sinne Kraft, Schönheit und Geist zusammengebracht würden, könnte daraus etwas lebendig in die Kultur Eingreifendes gemacht werden.

Beim Nietzsche-Denkmal gehe es letztlich, so legte er auch Hofmannsthal ausführlich dar, um die Vereinigung von Kunst und Leben im Sinne der alten Griechen. Daher solle an einem Hang mit Aussicht auf Weimar und das Tal ein Hain geschaffen werden, durch den eine feierliche Allee zu einem Tempel hinaufführt. Vor dem Tempel solle eine überlebensgroße Jünglings-Figur Maillols das Apollinische Prinzip verkörpern. Im Innern dachte sich Kessler rechts und links an den Wänden je drei steinerne Sitzstufen wie in den Stadien des alten Athen, am Stirnende auf einer niedrigen Bühne eine große Nietzsche-Büste. Die Seitenwände über den Sitzstufen, durch Pilaster in drei Bereiche gegliedert, sollten mit großen Reliefs von Klinger bedeckt werden, rechts und links davon große Tafeln mit Nietzsche-Sprüchen hängen. Der Raum sollte durch ein großes Fenster über der Eingangstür und durch niedrige Seitenfenster über den Reliefs belichtet werden und 200 bis 250 Menschen Platz bieten. »Hinter dem Tempel denke ich mir ein Stadion, in dem jährlich Fußrennen, Turnspiele, Wettkämpfe jeder Art, kurz die Schönheit und Kraft des Körpers die Nietzsche als erster moderner Philosoph wieder mit den höchsten geistigen Dingen in Verbindung gebracht hat sich offenbaren können. Wie es passend war, dass man in der Nähe christlicher Kirchen Hospitäler baute, so ist es passend, dass im Anschluss an eine Gedenkstätte für Nietzsche, ein der Jugend und der Kraft geweihter Platz entsteht.«[6]

Die Kosten einer solchen Anlage schätzte Kessler auf die hohe Summe von 800 000 Mark, die er durchaus glaubte, auftreiben zu können. Um Sponsoren auch in Österreich zu gewinnen, bat er Hofmannsthal um eine Liste mit Namen von Leuten, die sich wohl für das Projekt gewinnen ließen. Doch dieser wies Kesslers Ansinnen brüsk zurück. Er könne in Österreich für diese Sache nichts, aber auch gar nichts tun, außer seinem bescheidenen persönlichen Beitrag. »Du kennst Oesterreich nicht, hast auch begreiflicherweise gar kein Interesse es zu kennen, kannst also nicht wissen, aus wie vielen Detailgründen sich diese Einsicht zusammensetzt. Daß die Namen Nietzsche, Weimar, van de Velde, Maillol den in Frage kommenden Menschen aus der Gesellschaft und aus anderen Gruppen nichts oder weniger als nichts, nämlich negatives bedeuten, ist nur einer dieser Gründe.«[7]

Elisabeth Förster-Nietzsche war über die Idee eines Stadions entsetzt und fand dafür deutliche Worte. Doch Kessler ließ sich nicht beirren und nannte sie entrüstet »eine kleine spiessige Pastorentochter, die zwar auf die Worte ihres Bruders schwört, aber entsetzt und empört ist, sobald man sie in Taten umsetzt. Sie rechtfertigt vieles, was ihr Bruder über die Frau gesagt hat.«[8] Es gelang ihm, sie wieder umzustimmen, indem er ihr zusicherte, dass die ganze Anlage in der alleinigen Verfügungsgewalt des Nietzsche-Archivs verbleiben werde. Gemeinsam besichtigten sie einen geeignetes Grundstück, das Kessler Ende April gefunden hatte, als er frühmorgens in Weimar mit seinen geliebten Dackeln einen langen Spaziergang machte: ein sanft ansteigendes Terrain an der Berkaer Chaussee mit weiter Aussicht.

Max Klinger, den Kessler einige Tage später in Leipzig aufsuchte, war von der Idee und dem ihm zugedachten Auftrag wenig angetan. Auch Maillol, der die Statue für den Vorplatz liefern sollte, zeigte sich reserviert. Außer einigen Skizzen von Waslaw Nijinski, dem berühmten Tänzer, den Kessler als Modell des apollinischen Jünglings auserwählt hatte, machte er keinerlei Anstalten, bald zu beginnen. Mit der Statue, ließ er Kessler wissen, könne er erst 1913 anfangen, da er vorher noch andere Aufträge zu erledigen habe. »Ich war etwas ärgerlich und sagte, das Komitee würde vielleicht auf eine so lange Frist nicht eingehen. Maillol: Dann müsse er den Auftrag eben gehen lassen.«[9]

Bodenhausen, der im Kreis der rheinischen Bankiers und Industriellen für das Projekt werben sollte, meldete Ende Mai, dass ihm bislang wenig Glück beschieden sei. Im Juli gaben die Berliner Bankiers Julius Stern und Paul Schwabach jeweils ein Darlehen von 30000 Mark für den Kauf des Grundstücks an der Berkaer Chaussee, das Kessler unter der Treuhänderschaft eines Weimarer Notars einer Gesellschaft namens Spielhain übertragen ließ.

Van de Velde fühlte sich von der Entwicklung, die das Denkmal-Projekt nahm, überrollt, doch den Auftrag abzulehnen traute er sich nicht. Stattdessen klagte er über Arbeitsüberlastung und schlechten Gesundheitszustand. Auch erklärte er, als er sich Anfang September mit Kessler in Houlgate in der Normandie traf, der Geländeverlauf des Grundstücks lasse den Bau eines Stadions ganz unmöglich erscheinen. Doch Kessler wies ihm nach, dass er sich bei den Höhenmessungen vertan hatte, und forderte ihn auf, endlich mehr Einsatz zu zeigen, nur dann könne der Plan gelingen. Vor allem müsse er danach streben, das mächtige Stadion und den graziösen Tempel mittels offener Säulenhallen miteinander zu verbinden, um den Kontrast etwas zu mildern. Auch müsse er in den Gartenanlagen Plätze vorsehen für Standbilder von Athleten und »auf eine versteckte Anlage des Schwimmbassins, damit man nicht gezwungen ist dort in scheusslichen Badekostümen zu baden«.[10]

Kessler stellte van de Velde ein fürstliches Honorar in Höhe von 50000 Mark in Aussicht und schätzte die Kosten nun auf rund eine Million Mark. Auch diese Summe schreckte ihn nicht. Im Gegenteil. Er hoffte, noch mehr Geld organisieren zu können, um im Sinne des spartanischen Züchtungsgedankens »ein Institut für ›Genetics‹, Rassenveredelung« gründen zu können. Schon 1904, als er Lübeck besuchte und die dortige »wunderschöne Rassen Grundlage« sah, war ihm diese Idee gekommen. Es sollte, so meinte er, jemanden geben, »der sich irgendwo hinsetzte und als seine Lebensaufgabe lediglich die Verschönerung der Körper (der Rasse) betriebe durch Spiele, Hygiene, Nahrungszuschüsse für Ärmere bis zu 16 Jahren, sei es sogar Heiratsvermittlung.«[11]

Doch der Widerstand gegen das erweiterte Denkmal-Projekt wuchs. Im Oktober bat Elisabeth Förster-Nietzsche Kessler inständig, den Plan aufzugeben. Ein Herr Lenke oder Menke, sie könne sich an den Namen nicht erinnern, habe sie besucht und sich gegen das Projekt ausgesprochen. Die ehrliche Entrüstung dieses Nietzsche-Verehrers habe sie so erschüttert, dass sie jetzt nicht anders könne, als sich selbst dagegen zu erklären.[12] Kessler warnte sie: Ihm scheine die Autorität eines Herrn Lenke oder Menke relativ gering. Auch könne sie nur dann daran denken, den Plan aufzugeben, wenn sie das Darlehen für den Grundstückskauf in Höhe von 60000 Mark anderweitig zu beschaffen wisse.

Anfang November sprach sich auch van de Velde wieder gegen den Stadionplan aus. Kessler rief ihn zur Ordnung. »Nach einer längeren, zum Teil etwas scharfen Diskussion verpflichtete er sich aber wieder, den Stadion Plan zu unterstützen.«[13] Ende November versuchte es van de Velde erneut. Er bezweifelte, dass es genügend Sportveranstaltungen gebe, um ein solches Stadion zu füllen. Kessler widersprach und verwies auf die gerade sehr zahlreich entstehenden neuen Sportanlagen in Deutschland, Schweden und England.

Als van de Velde ihm seinen neuesten Entwurf zeigte, war Kessler enttäuscht. Der Bau sei zu sehr von innen heraus geplant. Man erkenne in der Fassade Garderobe, Saal und andere Nebensächlichkeiten, die mächtige Monumentalform jedoch fehle. Alles drücke nach dem Prinzip des englischen Landhauses Komfort aus und weiter nichts. Dieses Prinzip reiche aber nicht aus, um ein Monument zu schaffen. Er habe van de Velde deshalb gebeten, in diesem Fall einmal von der Fassade auszugehen und das Innere dieser unterzuordnen. Doch er fürchte, van de Velde sei der Aufgabe nicht gewachsen. »Seine Phantasie bricht ohne die Eselsbrücke der Utilität zusammen. Er geht auch offenbar mit wenig Lust an die Arbeit.«[14]

Über Nacht fertigte van de Velde einen neuen Entwurf. Auch dieser enttäuschte. Van de Velde könne sich von dem Bauen von innen nach außen einfach nicht freimachen. Jetzt sehe der Tempel aus wie ein städtisches Museum. »Ich sagte ihm, so kämen wir nicht weiter. Hier sei im Äusseren nicht irgendein Zweck auszudrücken, sondern eine Idee oder genauer Gefühle, Heldentum und Heiterkeit (...), die Gefühle, die die Grundstimmung des Nietzscheschen Werkes ausmachen«.[15]

Ende März 1912 – das Projekt zog sich bereits über ein Jahr hin – zeigte van de Velde Kessler einen weiteren Entwurf; auch er missfiel. Van de Velde habe als Tempel nun einen enorm hohen Bau im Stil der Bismarcktürme entworfen, der erdrückend schwer und leer wirke. Er habe ihm in schonender Weise seinen Eindruck mitgeteilt und klargemacht, dass er, Kessler, nicht die Verantwortung übernehmen könne, diesen Entwurf dem Komitee zu zeigen. »Die Wahrheit ist«, so glaubte Kessler zu erkennen, »dass unserer Zeit jede Tradition und Handhabe zu dekorativer Architektur fehlt. Dieses vollkommene Fehlschlagen von van de Veldes wiederholten Versuchen, einen architektonischen Ausdruck für reine, zwecklose Lebensfreude und Leichtigkeit zu finden, beweist das.«[16]

Kessler schlug van de Velde vor, da etwas Größeres und Besseres wohl nicht möglich sei, eine ganz einfache Halle, vier Mauern und ein Dach hinzusetzen. Doch van de Velde wollte von einem Gebäude inzwischen lieber ganz absehen und nur eine Plattform errichten, auf der eine Statue stehen sollte.

Auf Bitten Kesslers versuchte nun auch Bodenhausen auf den Freund Einfluss zu nehmen. Er bedaure sehr, dass van de Velde es ablehne, sich an die Maßverhältnisse des griechischen Tempels anzulehnen. Sein Einwand, der Rückgriff auf die Antike sei kein Weg, der zu etwas Neuem führen könne, komme ihm vor wie der Einwand eines Dramatikers, der behaupte, der Einteilung eines Dramas in fünf Akten nicht folgen zu können, da sie abgegriffen sei. »Alle Baugebilde der Welt sind gewissen gegebenen Verhältnissen und Gliederungen unterworfen, von denen auch der Stärkste sich nicht freimachen kann. Alle große Kunst beruht auf Tradition, ohne Ausnahme, ohne jede Ausnahme: auf Tradition und deren Weiterbildung.«[17]

Am 9. Juni 1912 genehmigte das Komitee den um ein Stadion erweiterten Plan und beauftragte van de Velde offiziell mit der Umsetzung. Kaum sei dies bekannt geworden, so erinnert sich van de Velde später, habe es im Blätterwald zu rauschen begonnen. »Der Vorhang hob sich wieder über dem alten Schlachtfeld der ›Barbaren‹ und ›Philister‹, die unerschütterlich die Positionen hielten, die sie seit der Dresdner Ausstellung von 1906 eingenommen hatten.«[18] Doch Grund der Aufregung war diesmal wohl weniger die Beauftragung van de Veldes, als vielmehr die internationale Zusammensetzung des Komitees und die Monumentalität des Denkmalprojekts für den nach wie vor umstrittenen Philosophen. Jedenfalls war sie lebhaft genug, Elisabeth Förster-Nietzsche wieder einmal schwanken zu lassen – nun allerdings mit meisterlicher Begründung.

Eine Delegation deutscher Männer habe mit einem ihr bislang unbekannten Nietzsche-Zitat nachgewiesen, dass Nietzsche niemals einem solchen Vorhaben zugestimmt hätte. »Die Nachäfferei des Griechentums«, so habe ihr Bruder geschrieben, »durch dieses reiche, müßiggängerische Gesindel aus ganz Europa ist mir ein Greuel. Die Leute ahnen nicht, aus welchen tiefen religiösen und politischen Vorstellungen die griechischen Feste hervorgegangen sind. Ich flüchte vor diesem hohlen Lärm sensationsgieriger Darsteller und Zuschauer in die Einsamkeit und Stille.«[19]

Kessler möge die Pläne beiseite legen oder wenigstens zehn Jahre warten. Sie könne jetzt nicht mehr anders, als sich endgültig dagegen erklären, um ihnen allen einen Skandal zu ersparen und Schaden vom Ansehen ihres Bruders abzuwenden. Überhaupt sei sie ja von Anfang an skeptisch gewesen und habe sich gegen ihr besseres Empfinden nur immer wieder überreden lassen.[20]

Auch in Weimar wuchs der Widerstand gegen den Denkmalplan. Man fragte sich, woher das viele Geld für den Bau komme – die Gerüchte sprachen bald von Millionen, die Kessler erhalten habe – und ob dieses Geld nicht besser verwendet werden könnte. Der Großherzog besuchte van de Velde, um Pläne und Modell zu besichtigen. Er zeigte sich, aus rein sportlichem Interesse, nicht abgeneigt, das Protektorat über den Stadionbau zu übernehmen und die Beziehungen zum Grafen Kessler wieder aufleben zu lassen, wenn es denn möglich wäre, das Projekt durchzuführen, ohne es mit dem Namen Nietzsche zu verbinden.

Elisabeth Förster-Nietzsche beklagte sich bei van de Velde über die schwierige finanzielle Lage des Archivs, die sie zum Haushalten zwinge, während Kessler Unsummen für ein Hirngespinst ausgebe. »Einer Phantasterei jagt er nach, und es kommt ihm nicht in den Sinn, dass ich mich zwanzig Jahre mit Sorgen und Ängsten geplagt habe, und er mir wohl zur Erreichung meiner Wünsche etwas zu Hilfe kommen könnte!«[21]

Doch die Millionen kamen nie zusammen und die Pläne, mit oder ohne Nietzsches Namen, nie über das Projektstadium hinaus. Am 11. Dezember 1913 beschloss das Komitee, die Ausführung so lange zurückzustellen, bis die Finanzierung endgültig geklärt sei.

UNHALTBARE POSITIONEN

Das Projekt des Nietzsche-Denkmals mag van de Velde seine schwierige Lage in Deutschland besonders eindringlich vor Augen geführt haben. Nicht nur Feinde, auch Freunde kritisierten nun seine Entwürfe und äußerten Zweifel an seinen Fähigkeiten. Nur wenige ließen sich noch wie die Herrmanns von ihm einrichten.

Bodenhausen baute sein Haus in Essen-Bredeney mit einem ortsansässigen Architekten, für van de Velde blieb nur ein Teil der Ausstattung. Dehmel ließ sich sein Haus in Blankenese von Walter Baedecker bauen und richtete es selbst ein. Meier-Graefe hatte bereits 1905 sein von van de Velde eingerichtetes Pariser Arbeitszimmer verkauft und beauftragte mit dem Bau einer Villa für sein 1912 erworbenes Grundstück in Berlin-Nikolassee ebenfalls einen ortsansässigen Architekten. Bei der Einrichtung des Hauses im klassizistischen Stil ließ er sich von Schröder beraten, der ihm die Möbel für das Esszimmer entwarf und die Ausmalung des Hauses besorgte.[1]

Während van de Velde selbst weiterhin vom »neuen« Stil sprach, suchten die Freunde nach dem »großen« Stil und verschrieben sich mehr und mehr der neoklassizistischen Strömung der Zeit, der sich unter anderen auch Peter Behrens angeschlossen hatte. Sein Haus Schroeder in Hagen von 1909 erinnert mit seinem vorgelagerten Portikus an Palladios Villen. Sein Haus Wiegand in Berlin von 1912 für den Archäologen und Direktor der Antikensammlung des Könglich-Preußischen Museums wurde mit seiner quadratischen Säulenvorhalle und den dorischen Säulen zu einem neoklassizistischen Musterbau und ähnelt Schinkels Entwurf für eine Stadtvilla von 1826.

Während die Freunde nach wie vor die Harmonie des Hauses Hohe Pappeln und das Zusammensein mit den »beiden prachtvollen Menschen« schätzten, folgten sie dem einstigen Vorbild künstlerisch nur noch unter Vorbehalt. Van de Veldes Arbeiten schienen ihnen nun in ihrem individualistischen Ansatz vermessen und fragwürdig, da sie jeden Sinn für das Große und Schöne vergangener Zeiten, jeden Bezug auf die architektonische Tradition vermissen ließen. Sie warfen ihm vor, was sie früher an ihm geschätzt hatten: Heiterkeit und Leichtigkeit. Selbst seine Behauptung, nach vernunftgemäßen Prinzipien zu gestalten, zogen sie nun bisweilen in Zweifel.

Bodenhausen, der van de Velde im Oktober 1913 mit dem Entwurf einer silbernen Gemüseschüssel beauftragt hatte, bemängelte auf beinahe brüskierende Art vor allem die fehlende Funktionalität. Die Bezeichnung Gemüseschüssel sei für das, was van de Velde ihm geliefert habe, vollkommen unzutreffend. Das Gefäß stehe auf Füßen und verlange damit, auf dem Tisch aufgestellt zu werden. Eine Gemüseschüssel werde aber niemals auf dem Tisch aufgestellt, da Gemüse nicht kalt serviert werde. Zudem könne eine silberne Schüssel mit Beinen nicht anders präsentiert werden als auf einem silbernen Tablett, was die Präsentation ganz außer Verhältnis zu der dargebotenen Speise stehen lasse. Gemüseschüsseln würden daher nur ohne Füße angefertigt.[2]

Die Kritik der Freunde muss van de Velde verletzt haben. Als er dann noch merkte, wie sich für ihn auch in Weimar die Lage mehr und mehr zuspitzte – man habe ihn noch deutlicher als früher spüren lassen, dass er Ausländer sei, und sein Werk als fremdartig abgelehnt –, versuchte er, Deutschland zu verlassen und nach Belgien zurückzukehren. Er hielt im Mai 1913 Vorträge an der *Université Nouvelle* in Brüssel und bat einflussreiche belgische Freunde zu erkunden, ob für ihn eine offizielle Funktion geschaffen werden könnte. Doch es wurde ihm bald klar, »daß die belgische Regierung nicht in der Lage war, mir eine auch nur ähnliche Stellung zu bieten, wie ich sie in Deutschland einnahm«.[3]

Van de Velde zog sich erneut für einige Zeit ins Sanatorium Binswanger zurück, baute 1913 und 1914 noch einige Villen und richtete sie ein. Die Auftragslage war nach wie vor gut, doch er wusste, seine Zeit in Deutschland war abgelaufen. »Der Ernst der Entscheidung, vielleicht meine Stellung in Weimar und Deutschland aufgeben zu müssen, kam mir nur langsam zum Bewußtsein. Einerseits sah ich nur zu deutlich die Risse, die das Gebäude meines Schaffens zu zerstören drohten, das ich so sorgfältig errichtet hatte, andererseits hatte ich nie mehr zu tun als gerade in diesen Jahren, die von mir eine übermäßige Konzentration der schöpferischen Kräfte verlangten.«[4]

Am 3. April 1913 feierte van de Velde in Weimar seinen fünfzigsten Geburtstag. Die Freunde sammelten 15 000 Mark, die sie ihm zur persönlichen Verfügung stellten, und schenkten ihm seine Portraitbüste von Georg Kolbe, den er sehr verehrte. Die Schüler der Kunstgewerbeschule richteten ihm ein Fest aus, Elisabeth Förster-Nietzsche gab ihm zu Ehren ein Diner im Nietzsche-Archiv, bei dem Karl Scheffler eine Festrede hielt, an die sich van de Velde später dankbar erinnerte: »Die Worte seiner Geburtstagsansprache waren frei von jeder Dialektik, sie enthielten keine Vorbehalte, sie waren menschlich. Sie ließen erkennen, daß er mit dem gleichen leidenschaftlichen Interesse der Entwicklung meiner Schöpfungen folgte wie alle meine Freunde, unter denen er einer der ernstesten geblieben ist.«[5]

Auch Scheffler erinnerte sich an das Ereignis. Nach einem festlichen Mahl habe sich Frau Förster-Nietzsche zu einer gereimten Rede aufgeschwungen, »die anspruchsloser war, als der Ort es erlaubte, und die sie mit der Unbefangenheit glücklicher Kritiklosigkeit deklamierte.«[6] Es folgten ein Bläserchor und die Gegenrede van de Veldes, die Scheffler ebenfalls peinlich fand, da sie die anwesenden weimarischen Minister brüskierte, dann Schefflers eigene Rede, die für die entstandene Situation im Ton viel zu hoch gegriffen war. »Der Jubilar aber war sehr gerührt, seine Lage kam ihm stark zum Bewußtsein, und am Schluß verlor er die Fassung.«[7]

Ein Jahr später reichte van de Velde, dem bekannt geworden war, dass man schon nach einem Nachfolger für ihn suchte, sein Entlassungsgesuch als Direktor der Weimarer Kunstgewerbeschule ein. Dem Gesuch wurde stattgegeben, das Vertragsende auf den 1. April 1915 datiert.

Hiermit endete van de Veldes Einsatz für die künstlerische Hebung des Sachsen-Weimarischen Kunstgewerbes, der zwar nicht, wie Kessler 1901 erhofft hatte, zum Beginn einer neuen Epoche deutscher Kultur wurde, aber doch nachhaltig wirkte. Neben den Bauten für die Kunstgewerbeschule 1906/07 und die Kunstschule 1910/11 blieb seine Leistung als Gründer einer Schule, die mit ihrem Unterricht in Werkstätten durch Werkmeister sowie den Kursen in Zeichnen, Modellieren, Ornament- und Farbenlehre mit den Grund zu einer neuen Produktgestaltung gelegt hatte. Und es blieb seine Leistung als Lehrer, von der sein Meisterschüler Thilo Schoder fast hymnisch berichtete: »Seine Korrekturen sind Wunder – Wunder, an deren Offenbarung man nicht glauben möchte, wenn man sie nicht oft erlebt hätte und täglich neu erlebte. Er kommt, spricht ein paar Worte, nimmt einen Stift zur Hand und mit wenigen Strichen macht er aus einem mangelhaften Entwurf ein vollendetes Kunstwerk (...) Seine Anwesenheit setzt die ganze Atmosphäre in Schwingungen; die Arbeitslust und die Arbeitskraft steigern sich fast bis ins Gigantische.«[8]

Nach dem »freiwilligen« Rücktritt van de Veldes konnte der Großherzog nun offen nach neuen Kandidaten für die Direktorenstelle Ausschau halten lassen. Angefragt wurde neben anderen auch Rudolf Alexander Schröder, der zu dieser Zeit voll im biedermeierlich und klassizistisch geprägten Trend der kulturell aufgeschlossenen Kreise lag. Schröder schien als Protagonist dieser Richtung für den Weimarer Posten geeignet. »Er darf es wagen«, schrieb Peter Jessen im *Jahrbuch des Deutschen Werkbunds*, »auch das Alte wachzurufen, denn in seiner geschmacksicheren Phantasie gewinnt auch das längst Erstorbene blühendes Leben. Er hat die Kraft, das Ererbte zu erwerben und zu besitzen.«[9]

Zwischen 1910 und 1914 erreichte Schröders Tätigkeit als Architekt und Inneneinrichter ihren Höhepunkt. Er arbeitete für den Norddeutschen Lloyd an Schiffseinrichtungen, entwarf Möbel auf Bestellung wohlhabender Auftraggeber, aber auch für den Verkauf durch die Vereinigten Werkstätten für Kunst im Handwerk, mit denen er seit 1910 vertraglich verbunden war. Doch auch Schröders Weg sollte, so Fritz Schumacher, der kritische Beobachter seiner Zeit, nicht die Zukunft bestimmen. »In der Welt der vornehmen Dame, in die seine Schöpfungen führten, schien mir für den reformierenden Geist, der im Kampf mit der Industrialisierung nach gültigen Formen für unser Alltagsleben suchte, kein befruchtender Hauch zu wehen.«[10]

Der »reformierende Geist« fand neue Protagonisten, und nicht nur Schröders, auch van de Veldes Epoche in Deutschland ging langsam zu Ende. Van de Velde vor allem, bis 1901 noch als Pionier gefeiert, galt 1908 bereits als historisch und, schlimmer noch, breitenwirksam. Sein Name war zum Schlachtruf geworden, mit dem sich die geschäftstüchtigen Möbelfabrikanten in den Kampf um den neuen Kundengeschmack gestürzt hatten – ein Vorgang, der zwar seinen Ruhm begründet, aber auch seinen Ruf so ruiniert hatte, dass schon 1908 *Die Fackel* in Wien das Verdikt verkündete, es gebe kaum ein Familienheim mehr, »das nicht den Ehrgeiz hätte, von Van de Velde eingerichtet zu sein.«[11]

Während van de Velde noch mit dem vernunftgemäßen Ausdruck des Ornaments rang, klagten es andere bereits als überflüssige Phrase und Verbrechen an. 1910 dekretierte Adolf Loos öffentlich: »Es wird die zeit kommen, in der die einrichtung einer zelle vom hoftapezierer Schulze oder professor Van de Velde als strafverschärfung gelten wird.«[12]

Selbst in die gehobene Unterhaltungsliteratur hatte sein Name Eingang gefunden. Als in Ida Boy-Eds Roman *Um ein Weib* eine Dame ihre komplette Einrichtung aus alten Möbeln verkauft, vermutet die Fama süffisant, sie wolle sich wohl nach Plänen van de Veldes modern einrichten lassen. In Oscar Adolf Hermann Schmitz' Roman *Bürgerliche Bohème* bekennt sich eine ältere Dame zu ihrer Vorliebe für alte Dinge, die sie an ihre Kindheit und ihre Heimat erinnern. An die modernen Möbel, Gläser und Teller eines van de Velde oder Pankok könne sie sich einfach nicht gewöhnen. Sie erhöben zu sehr den Anspruch, Kunstwerke zu sein, statt sich in althergebrachte Zusammenhänge zu fügen.

Bitter beklagt sich van de Velde noch in seinen Lebenserinnerungen über die Widerwärtigkeiten, denen er und sein Werk in jenen Jahren ausgesetzt waren. Er hielt sie für böswillige persönliche Invektiven neidischer Konkurrenten oder verbuchte sie auf das Konto der Tragik, die in seinem Leben gewaltet, und des Schicksals, das ihn und sein missionarisches Künstlertum unbarmherzig verfolgt habe. Noch die Wortwahl des in hohem Alter geschriebenen Lebensberichts zeigt, wie sehr er sein Leben einer Mission gewidmet glaubte. Er sah sich als Fanatiker verdächtigt, fühlte sich verfolgt, schied die Welt in Freund oder Feind, Jünger oder Verräter. Die Geschichte der Kunst war ihm wie die der Revolutionen eine Geschichte des Kampfs, die nicht mit der Zahl ihrer Opfer rechnet. Auch er empfand sich als Opfer, überzeugt, dass nur wenige Künstler ein bewegteres und tragischeres Leben geführt hätten als er.

Zweifellos gab es tragische Momente in van de Veldes Leben, doch einige waren durchaus die Folge eigener Entschlüsse. Nicht das Schicksal allein hatte einen Mann mit weit gesteckten Zielen ausgerechnet nach Weimar geführt, einen Hort abgelebter Tradition und bornierten Kleinstadtgeistes, an dem er so fehl am Platz war, wie er es sich vermutlich von Berlin aus nicht vorstellen konnte. Und nicht nur der Zufall führte ihn in einen Kreis, der in seiner zunehmenden Künstlichkeit und Abgeschlossenheit seine eigene Ausnahmesituation als Belgier in Deutschland und Missionar eines neuen Stils noch verschärfte.

Während Peter Behrens von Darmstadt, das er trotz des kulturell aufgeschlossenen Großherzogs für ein beengtes Milieu hielt, über Düsseldorf in das aufstrebende Berlin zog, begab sich van de Velde von Berlin in die kleinen Verhältnisse des Sachsen-Weimarischen Hofes. Und obwohl er dem sechs Jahre jüngeren Behrens lange einen Schritt voraus war, fiel er am Ende hinter diesen zurück. Van de Velde hatte sein *beautiful house* bereits 1895 in Uccle gebaut, Behrens erst 1901 auf der Mathildenhöhe in Darmstadt. Van de Velde gestaltete bereits 1897 Werbeträger und Produktverpackungen der Tropon-Werke, Behrens wurde erst 1907 Chefdesigner und künstlerischer Berater der AEG. Doch während van de Velde 1909 noch großbürgerliche Villen und Kaffeekannen mit Rechauds aus Silber für die Luxustafel entwarf, baute Behrens bereits eine Turbinenfabrik und gestaltete einen elektrischen Heißwasserkessel, den die AEG in hohen Stückzahlen für nur 20 Mark vertrieb. Während van de Velde nicht vom Einzelstück und dem individuell gestalteten Interieur loskam, entwickelte sich Behrens bereits zum typisierenden Gestalter, der 1912 im Berliner Gewerkschaftshaus auch ein Arbeitermöbelprogramm ausstellte.

Individualistischer Künstler oder Typengestalter – diese Frage trennte damals nicht nur van de Velde und Behrens, sondern auch die Geister des Werkbunds. Als bei einer Tagung im Rahmen der Kölner Ausstellung von 1914 Hermann Muthesius die Typisierung zum neuen Leitgedanken der Werkbundarbeit erhob, profilierte sich van de Velde als Sprecher der Gegenpartei. Er fand zahlreiche Mitstreiter, die wie er die zehn von Muthesius verfassten Leitsätze vehement zurückwiesen. »Ich wurde spontan beauftragt, in öffentlicher Erklärung unseren Standpunkt dem Opportunismus einer Majorität entgegenzusetzen«.[13]

Van de Velde stellte zehn Gegenleitsätze auf, in denen er das Recht auf freie schöpferische Arbeit einforderte. Niemals werde er sich einem Typus, einem Kanon unterwerfen, denn der Künstler sei seiner Essenz nach glühender Individualist. Van de Velde deklamierte seine Sätze am nächsten Sitzungstag mit lauter Stimme und dem Unterton tiefster Entrüstung. »Ich habe viel in der Öffentlichkeit gesprochen. Nie aber habe ich eine derartige Erregung verspürt wie bei der ›Deklamation‹ dieses ›Credo‹ des Künstlers, der seine heiligsten Rechte gegen eigennützige, opportunistische Kräfte verteidigt, die nur darauf bedacht sind, materiellen Profit einzuheimsen und Weltmärkte zu erobern.«[14]

Es soll danach zu turbulenten Szenen gekommen sein, eine Spaltung des Werkbunds drohte. Muthesius nahm seine Leitsätze zurück, und van de Velde durfte sich ein letztes Mal als Speerspitze der deutschen kunstgewerblichen Bewegung fühlen.

Seiner Partei hatte sich neben dem unermüdlichen Osthaus, der im Hintergrund agierte, auch der junge Walter Gropius angeschlossen, der nur wenige Jahre später aus der van de Veldeschen Kunstgewerbeschule das Bauhaus formen sollte. Auch er propagierte eine neue Einheit von Leben und Kunst und eine vernunftgemäße Gestaltung der Dinge. Auch er glaubte, dass eine veränderte Welt neue Formen finden müsse, und hing dem romantischen Ideal einer verschworenen Gemeinschaft an, allerdings nicht von Freunden, sondern von Meistern und Schülern. Auch sein pädagogischer Ansatz zielte auf das Volk, doch nahm er, und hier zeigte sich der neue reformierende Geist, nicht mehr den Umweg über die höheren Stände.

Edvard Munch: Henry van de Velde, Lithographie, 1906

EPILOG

Der Ausstellung des Werkbunds in Köln, bei der van de Velde mit einem Theaterbau positiv auffiel, war wenig Wirkung vergönnt. Als Kessler Ende Juli 1914 zur Besichtigung anreiste, war er durch die sich zuspitzenden politischen Ereignisse abgelenkt. »Die Lage wird immer ernster. Trotzdem besuchte ich die Werkbund Ausstellung, aber ohne recht Anteil nehmen zu können. Abends spät wieder patriotische Kundgebungen.«[1]

Einen Tag später meldeten Extrablätter die Mobilmachung. Van de Veldes Theater, erst am 18. Juni mit Goethes *Faust* eröffnet, wurde Anfang August bereits wieder geschlossen. Van de Velde selbst befand sich bei Kriegsausbruch mit seiner Familie in Belgien, im Seebad Le Coq-sur-Mer in der Nähe Ostendes. Kessler, der die Lage in Berlin besser überblicken konnte, riet ihm, mit seiner Familie sofort nach Weimar zurückzukehren. Van de Velde folgte seinem Rat und erreichte mit dem letzten Zug Deutschland.

Der Krieg brachte van de Velde politisch und menschlich in eine schwierige Lage. Während ihn die Sorge um seine Familie zwang, in Deutschland zu bleiben, wo er ein Amt innehatte und seinen Lebensunterhalt verdiente, drängten ihn patriotische Gefühle, Deutschland, das seine Heimat unter dem Bruch der Neutralität überrannt und besetzt hatte, sofort zu verlassen, umso mehr als er hier nun auch amtlicherseits als feindlicher Ausländer behandelt wurde. Für ihn könne es, so schrieb er Ende Oktober Curt Herrmann, jetzt und nach dem Krieg in Deutschland keine Zukunft mehr geben, da er nun für immer als Belgier und damit als Ausländer gelten und deswegen noch größeren Feindseligkeiten ausgesetzt sein werde. »Ich glaube nicht daran, daß nach diesem Krieg die Welt besser u. größer werden wird.«

Die leidenschaftliche Erregtheit, in die ihn die Nachricht vom Kriegsbeginn gestürzt hatte, wich bald tiefer Niedergeschlagenheit. »Ich schauderte vor dem Gefühl völliger Verlassenheit, vor apokalyptischen Visionen, vor der Gefahr des Wahnsinns.«[2] Hilfe kam wieder einmal von Otto Binswanger, der ihn in das Sanatorium von Oscar Kohnstamm bringen ließ, das in Königstein lag, einem aufstrebenden Kurort im Taunus, und mit dem 1905 neu gebauten Kurpensionshaus einen gehobenen, die Privatsphäre abschirmenden Komfort bot.

Oscar Kohnstamm setzte zur Heilung der meist unter Erregungszuständen und seelischen Verstimmungen leidenden Patienten vor allem auf Suggestion und Hypnose, aber auch auf Übungen zur gesunden Lebensführung. Zu seinen Heil- und Therapiemethoden gehörte ebenfalls die Förderung kreativer Anlagen und Begabungen, weshalb viele seiner Patienten aus dem Kunst- und Kulturbetrieb kamen, darunter während der Kriegszeit Max Beckmann und Ernst Ludwig Kirchner. Van de Velde, der sich als Holländer unter falschem Namen eintrug und inkognito blieb, fühlte sich geborgen. »Dr. Kohnstamm verstand es, mich von meinen trüben Gedanken zu befreien und mich an meine Pflicht zu erinnern, die ich trotz der Katastrophe, welche meine Mission und mein Schaffen gleichsam entwurzelte, auch in Zukunft zu erfüllen hatte.«[3]

Als er einige Monate später nach Weimar zurückkehrte, musste er sich dreimal täglich bei der Polizei melden und in der Kunstgewerbeschule, obwohl sie geschlossen war, täglich nach dem Rechten sehen. Als im Frühjahr 1917 eine Verordnung erlassen wurde, die jeden deutschen Staatsbürger zu zivilen Hilfsdiensten verpflichtete, wurde seine Situation unhaltbar. Denn van de Velde, der als Leiter der Kunstgewerbeschule automatisch deutscher Staatsbürger belgischer Nation geworden war, konnte nicht, auch nicht hilfsdienstlich, für Deutschland tätig werden, ohne bei seinen Landsleuten als Kollaborateur zu gelten.

Dank ihrer guten Beziehungen zum Kriegs- und Außenministerium gelang es Kessler und Bodenhausen, dem Freund eine Genehmigung zur Ausreise zu verschaffen. Im Auftrag des Generaldirektors der Berliner Museen sollte van de Velde die Lage der sich in der neutralen Schweiz befindlichen deutschen Künstler erkunden und, wenn nötig, verbessern helfen. So verließ Henry van de Velde, 54 Jahre alt, schließlich Deutschland, das Land, von dem er sich so viel erhofft hatte. Er verließ es allein und nahezu mittellos, auch nun wieder auf die Hilfe und Zuwendungen der Freunde angewiesen. Maria und die Kinder mussten, da ihnen die Pässe entzogen worden waren, bis Kriegsende in Deutschland ausharren.

Doch van de Velde fühlte sich vor allem befreit. »Von Lindau brachte mich das Schiff nach Romanshorn. Als es das deutsche Ufer verließ und Kurs auf die Schweiz nahm, empfand ich aufs stärkste den vollzogenen Bruch, der mit einem Gefühl tiefster Befreiung verbunden war. Ich wurde mir darüber klar, daß ich nichts mehr bedeutete, daß ich nichts mehr besaß, daß ich aber auf der anderen Seite des Bodensees mich wieder selber finden würde: die Empfindungen und Ideale meiner Jugend, die politischen und sozialen Überzeugungen, über die ich in Deutschland hatte schweigen müssen. Ich spürte, wie die Ketten sich lösten.«[4]

Als Glück erschien ihm, frei zu sein vom Zwang gesellschaftlicher Verpflichtungen, die ihn sich selbst entfremdet und dem Diktat fremder Personen unterworfen hatten. Er wurde ruhiger, souveräner, legte an Gewicht zu, die neurasthenischen Beschwerden verschwanden. »Langsam glätteten sich die Züge eifernder Leidenschaft«, so Osthaus, der van de Velde in der Schweiz besuchte, »eine tiefe olympische Ruhe nahm von ihm Besitz, und die Milde, die von ihm ausging, war so fühlbar, daß er im schwarzen Kimono, wie er ihn zuzeiten im Hause trug, einem buddhistischen Priester nicht unähnlich sah.«[5]

Während van de Velde noch in Weimar festsaß, waren seine deutschen Freunde in den Krieg gezogen. Sie hatten ihn lange vorausgesehen. Im Dezember 1911 schrieb Kessler in seinem Tagebuch, er denke wie Bodenhausen, dass es binnen fünf Jahren zum Krieg kommen wird. Ein Gedanke, der sie nicht sonderlich schreckte, so weltoffen und europäisch sie auch immer gesinnt waren. Im Gegenteil: Sie begrüßten den Krieg enthusiastisch und zeigten sich in erschreckender Weise anfällig für chauvinistische Verblendung, als wäre es plötzlich unmöglich, ein guter Europäer und zugleich ein guter Deutscher zu sein.

Gerhart Hauptmann schrieb mit *Komm, wir wollen sterben gehn* ein patriotisches Kriegsgedicht, mit dem er, wie Karl Kraus konstatierte, literarisch wie moralisch abdankte. »Diesen Leib, den halt' ich hin / Flintenkugeln und Granaten: / eh' ich nicht durchlöchert bin, / kann der Feldzug nicht geraten.«[6]

Harry Graf Kessler ging als Kommandant der Zweiten Artillerie-Munitionskolonne des Garde-Reserve-Korps nach Belgien, dann nach Polen, bevor er sich nach zwei Jahren an der Front einen Attaché-posten bei der deutschen Botschaft in Bern verschaffte. Eberhard von Bodenhausen wollte sich ebenfalls zur Verfügung stellen, musste aber auf Wunsch der Firma Krupp davon Abstand nehmen. Er beneidete Kessler um das Gemeinschaftserlebnis an der Front, in dem er »das Wehen einer völlig neuen, völlig veränderten Zeit« spürte.[7]

Hofmannsthal wurde vom Militärdienst freigestellt, ließ sich aber zu kriegspublizistischer Tätigkeit heranziehen. Dehmel gesellte sich zur großen Schar »todbereiter Männer« und zog 51-jährig als einer der Ersten in den Krieg, von seinen Mitsoldaten liebevoll »Papa Dehmel« genannt. Heymel, obwohl lungenkrank, ging an die belgische Front. Schröder diente bei der Seewehr auf Wangerooge und danach bei der Pressezentrale der Politischen Abteilung beim Generalgouverneur in Brüssel. Auch er verherrlichte den Krieg mit Gedichten, die 1914 unter dem Titel *Heilig Vaterland* erschienen. »Wer schaut zurück? Wer zaudert noch? Nur ›Vorwärts!‹ heißts und ›Deutschland hoch!‹«[8]

Die Freunde jedenfalls zauderten nicht und schauten auch nicht zurück. Sie zogen in den Krieg, als wären nun nicht mehr Leben und Kunst, sondern Tod und Krieg die Ultima ratio, die einzige Möglichkeit der Genesung der überzivilisierten Gesellschaft und des neurotischen Einzelnen. Sie hatten den Krieg nicht nur schon lange erwartet, sondern fast herbeigesehnt. »Es fehlt uns vielen«, so Heymel, »Dienst und Ziel und Zwang (...) wir sehnen uns, wir schreien nach dem Kriege.«[9] Sie zogen in den Krieg wider besseres Wissen, denn sie mussten, wie Hofmannsthal früh erkannte, durchaus den Untergang der eigenen Welt befürchten. »Wir gehen einer dunklen Zeit entgegen, das fühlt jeder Mensch, können von Schritt zu Schritt alles verlieren – und – das ist das Schlimmste – auch wo wir siegen, nichts rechtes gewinnen als nur Verlegenheiten.«[10]

ANMERKUNGEN

Heitere Wohnlichkeit in Uccle

1 Henry van de Velde, *Geschichte meines Lebens*, hrsg. Hans Curjel, München/Zürich 1986, S. 58.

2 Ebd., S. 80.

3 *Henry van de Velde. Ein europäischer Künstler seiner Zeit*, hrsg. Klaus-Jürgen Sembach/Birgit Schulte, Köln 1992, S. 97.

4 van de Velde, *Geschichte meines Lebens*, S. 88.

5 Ebd., S. 83.

6 Henry van de Velde, »Allgemeine Bemerkungen zu einer Synthese der Kunst«, in: *Zum neuen Stil*, hrsg. Hans Curjel, München 1955, S. 51f.

7 Gotthard Jedlicka, *Henri de Toulouse-Lautrec*, Berlin 1929, S. 122f.

8 van de Velde, *Geschichte meines Lebens*, S. 112.

9 Ebd., S. 114.

10 Fritz Schumacher, *Stufen des Lebens. Erinnerungen eines Baumeisters*, Stuttgart/Berlin 1935, S. 193.

11 *Henry van de Velde. Ein europäischer Künstler seiner Zeit*, S. 180, 25. September 1897.

12 Henry van de Velde, »Ein Kapitel über Entwurf und Bau moderner Möbel«, in: *Pan*, 3. Jg., 1897, Heft IV, S. 260.

Vier Zimmer in Paris und Dresden

1 van de Velde, *Geschichte meines Lebens*, S. 102.

2 Ebd., S. 105.

3 Ebd., S. 107.

4 Edmond et Jules de Goncourt, *Journal. Mémoires de la vie littéraire 1892–1895*, Paris 1936, S. 289.

5 van de Velde, *Geschichte meines Lebens*, S. 107f.

6 Schumacher, *Stufen des Lebens*, S. 182.

7 Eberhard von Bodenhausen, »Eine Heimstätte für Kunst«, in: *Pan*, 2. Jg., 1896, Heft II, S. 128.

8 Julius Meier-Graefe, »Belgische Innendekoration«, in: *Dekorative Kunst. Illustrierte Zeitschrift für angewandte Kunst*, Band I, 1898, Heft V, S. 203f.

9 Ebd., S. 206.

10 Gerhart Hauptmann, *Tagebücher 1897 bis 1905*, hrsg. Martin Machatzke, Frankfurt am Main/Berlin 1987, S. 80f.

11 Ebd., S. 689f.

12 Walter Schmitz, *Das Haus »Wiesenstein«. Gerhart Hauptmanns dichterisches Wohnen*, Dresden 2009, S. 143f.

13 Paul Schumann, »Die Internationale Kunst-Ausstellung zu Dresden im Jahre 1897«, in: *Deutsche Kunst und Dekoration*, Band I, 1897/98, S. 21.

14 Eberhard von Bodenhausen, »Henry van de Velde«, in: *Pan*, 3. Jg., 1897, Heft II, S. 122.
15 Ebd.

Kultiviertes Wohnen in Berlin

1 *Eberhard von Bodenhausen. Ein Leben für Kunst und Wirtschaft*, hrsg. Dora von Bodenhausen-Degener, Düsseldorf/Köln 1955, S. 134.
2 *Curt Herrmann: 1854–1929. Ein Maler der Moderne in Berlin*, hrsg. Rolf Bothe, Berlin 1989, S. 111.
3 *Curt Herrmann: 1854–1929*, S. 537, 17. September 1897.
4 *Hinterhof, Keller und Mansarde. Einblicke in Berliner Wohnungselend 1901–1920*, hrsg. Gesine Asmus, Reinbek bei Hamburg 1982, S. 245.
5 Harry Graf Kessler, *Das Tagebuch 1880–1937*, Dritter Band 1897–1905, hrsg. Carina Schäfer/Gabriele Biedermann, Stuttgart 2004, S. 94, 30. Oktober 1897.
6 *Henry van de Velde. Ein europäischer Künstler seiner Zeit*, S. 255.
7 Kessler, *Das Tagebuch*, Dritter Band, S. 123, 11. Februar 1898.
8 Ebd., S. 132, 22. März 1898.
9 Ebd., S. 133, 23. März 1898.
10 Ebd., S. 296, 30. April 1900.
11 *Das Tagebuch der Baronin Spitzemberg*, hrsg. Rudolf Vierhaus, Göttingen 1960, S. 395, 17. März 1900.
12 van de Velde, *Geschichte meines Lebens*, S. 162.
13 Oswalt von Nostitz, *Muse und Weltkind. Das Leben der Helene von Nostitz*, München/Zürich 1991, S. 72f.

Intime Räume für die Kunst

1 Kessler, *Das Tagebuch*, Dritter Band, S. 452, 29. Dezember 1901.
2 *Hugo von Hofmannsthal. Briefwechsel mit Julius Meier-Graefe 1905–1929*, Freiburg 1998, S. 16, 24. März 1900.
3 Julius Meier-Graefe, *Kunst ist nicht für Kunstgeschichte da. Briefe und Dokumente*, hrsg. Catherine Krahmer/Ingrid Grüninger, Göttingen 2001, S. 16.
4 Karl Scheffler, *Die fetten und die mageren Jahre. Ein Arbeits- und Lebensbericht*, München 1946, S. 18f.
5 Rainer Maria Rilke, »Der Salon der Drei«, in: *Sämtliche Werke*, Band V, Frankfurt am Main 1965, S. 451f.
6 Rainer Maria Rilke, »Die neue Kunst in Berlin«, in: *Werke*, hrsg. Horst Nalewski, Band IV, Frankfurt am Main 1996, S. 129.
7 *Für den neuen Stil kämpfen. Henry van de Veldes Beitrag zum Start in die Moderne vor 100 Jahren*, hrsg. Birgit Schulte, Hagen 2003, S. 11, 1. Mai 1900.
8 Karl Ernst Osthaus, *Van de Velde*, (1920) Reprint 1984, S. 21.
9 van de Velde, *Geschichte meines Lebens*, S. 177.
10 Ebd., S. 217.
11 Eberhard von Bodenhausen, »Van de Velde und die Eisen-Konstruktion«, in: *Innen-Dekoration*, 14. Jg., 1903, S. 244.

12 Alfred Lichtwark, *Briefe an die Kommission für die Verwaltung der Kunsthalle*, hrsg. Gustav Pauli, Band II, Hamburg 1924, S. 325.
13 Bodenhausen, »Van de Velde und die Eisen-Konstruktion«, S. 245.

Berliner Modesachen

1 Kessler, *Das Tagebuch*, Dritter Band, S. 316, 31. August 1900.
2 Ebd., S. 318, 12. September 1900.
3 Ebd., S. 316, 2. September 1900.
4 van de Velde, *Geschichte meines Lebens*, S. 183.
5 Karl Scheffler, *Berlin. Ein Stadtschicksal*, Berlin 1910, S. 200.
6 Georg Siemens, *Erziehendes Leben*, Urach 1947, S. 38f.
7 *Das Tagebuch der Baronin Spitzemberg*, S. 381, 20. Dezember 1898.
8 Max Osborn, »Die Van de Velde-Ausstellung in Berlin«, in: *Deutsche Kunst und Dekoration*, Band VIII, April 1901–September 1901, S. 340, Zitat S. 346.
9 Osborn, »Die Van de Velde-Ausstellung in Berlin«, S. 346f.
10 Karl Scheffler, »Van de Velde's neue Arbeiten«, in: *Die Kunst: Monatsheft für freie und angewandte Kunst*, Band IV, 1901, S. 122.
11 Scheffler, *Berlin*, S. 256.
12 Karl Scheffler, »Ein moderner Laden von van de Velde«, in: *Dekorative Kunst*, Band VII, 1901, S. 486.
13 Lichtwark, *Briefe an die Kommission*, Band II, S. 101.
14 Nostitz, *Muse und Weltkind*, S. 70.
15 van de Velde, *Geschichte meines Lebens*, S. 165.
16 *Das Tagebuch der Baronin Spitzemberg*, S. 395, 17. März 1900.
17 Ebd., S. 433, 13. August 1903.
18 Kessler, *Das Tagebuch*, Dritter Band, S. 399, 8. März 1901.
19 Lichtwark, *Briefe an die Kommission*, Band I, S. 424f.
20 Ebd., Band I, S. 426.

Idealraum zum Träumen

1 Julius Meier-Graefe, »Eine Renaissance?«, in: *Die Zukunft*, 10. Jg., 1902, S. 463.
2 Ebd., S. 458.
3 Rudolf Alexander Schröder, *Gesammelte Werke. Die Aufsätze und Reden*, Band III, Berlin/Frankfurt am Main 1952, S. 951.
4 Julius Meier-Graefe, »Ein modernes Milieu«, in: *Die Kunst*, Band IV, 1901, S. 254.
5 Ebd., S. 258.
6 Ebd., S. 261.
7 Ebd., S. 262–264.
8 *Curt Herrmann: 1854–1929*, S. 565f. + S. 571, Juli 1901 + 25. August 1901.
9 van de Velde, *Geschichte meines Lebens*, S. 186.

Ein Dokument deutscher Kunst

1 *Henry van de Velde in Weimar. Dokumente und Berichte zur Förderung von Kunsthandwerk und Industrie (1902–1915)*, hrsg. Volker Wahl, Köln/

Weimar/Wien 2007, S. 62, 22. März 1901.
2 Kessler, *Das Tagebuch*, Dritter Band, S. 427, 22. August 1901.
3 Ebd., S. 427, 22. August 1901.
4 Ebd., S. 428, 22. August 1901.
5 Ebd., S. 430, 31. August 1901 (im Tagebuch französisch zitiert).
6 Michael Georg Conrad, *Von Emile Zola bis Gerhart Hauptmann. Erinnerungen zur Geschichte der Moderne*, Leipzig 1902, S. 127f.
7 Kessler, *Das Tagebuch*, Dritter Band, S. 431, 2. September 1901 (im Tagebuch französisch zitiert).
8 *Eberhard von Bodenhausen – Harry Graf Kessler. Ein Briefwechsel 1894–1918*, Marbach 1978, S. 62, 6. September 1901.
9 *Henry van de Velde in Weimar*, S. 68, 6. Dezember 1901.
10 *Eberhard von Bodenhausen – Harry Graf Kessler*, S. 66, Weihnachten 1901.
11 *Henry van de Velde in Weimar*, S. 76ff., 19./21. Januar 1902.
12 *Walter Rathenau – Maximilian Harden. Briefwechsel*, hrsg. Hans Dieter Hellige, München 1983, S. 477.
13 Walther Rathenau, »Von neuerer Malerei«, in: *Walther Rathenau. Reflexionen und Aufsätze. Gesammelte Schriften*, Berlin 1925, S. 4.

Räume weihevoller Stimmung

1 van de Velde, *Geschichte meines Lebens*, S. 207.
2 Ebd.
3 Kessler, *Das Tagebuch*, Dritter Band, S. 454, 24. Januar 1902.
4 *Harry Graf Kessler. Tagebuch eines Weltmannes*, hrsg. Ulrich Ott, Marbach 1988, S. 119, 20. Januar 1902.
5 *Eberhard von Bodenhausen – Harry Graf Kessler*, S. 68, 6. April 1902.
6 *Henry van de Velde. Ein europäischer Künstler seiner Zeit*, S. 261, 15. Oktober 1902.
7 Kessler, *Das Tagebuch*, Dritter Band, S. 804, 18. September 1905.
8 *Henry van de Velde. Ein europäischer Künstler seiner Zeit*, S. 263.
9 van de Velde, *Geschichte meines Lebens*, S. 225.
10 *Bodenhausen. Ein Leben für Kunst und Wirtschaft*, S. 210, 18. Mai 1903.
11 Eberhard von Bodenhausen, »Notizen zu van de Veldes neuesten Schöpfungen«, in: *Innen-Dekoration*, 14. Jg., 1903, S. 247.
12 Osthaus, *Van de Velde*, S. 32.
13 Helene von Nostitz, *Aus dem alten Europa. Menschen und Städte*, Wiesbaden 1950, S. 100ff.
14 Ebd., S. 103.
15 Ebd., S. 102.
16 *Die Moderne und ihre Sammler. Französische Kunst in deutschem Privatbesitz vom Kaiserreich zur Weimarer Republik*, hrsg. Andrea Pophanken/Felix Billeter, Berlin 2001, S. 84, 24. August 1902.

Hoch über der Stadt

1 van de Velde, *Geschichte meines Lebens*, S. 208.

2 Tilo Richter, *Herbert Eugen Esche. Ein Lebensbild*, Leipzig 2001, S. 42.

3 van de Velde, *Geschichte meines Lebens*, S. 214.

4 Hugo von Hofmannsthal, »Der Tod des Tizian«, in: *Die Gedichte und kleinen Dramen*, Leipzig 1958, S. 56.

Kulturherd Weimar

1 van de Velde, *Geschichte meines Lebens*, S. 159.

2 Ebd.

3 Ebd., S. 160.

4 Kessler, *Das Tagebuch*, Dritter Band, S. 438, 6. Oktober 1901.

5 *Eberhard von Bodenhausen – Harry Graf Kessler*, S. 71, 21. Oktober 1903.

6 Ebd., S. 78, 18. Dezember 1904.

7 Ebd., S. 78f., 20. Dezember 1904.

8 *Hugo von Hofmannsthal – Harry Graf Kessler. Briefwechsel 1898–1929*, hrsg. Hilde Burger, Frankfurt am Main 1968, S. 123, 17. Juli 1906.

9 Kessler, *Das Tagebuch*, Dritter Band, S. 531, 10. Januar 1903.

10 Friedrich Nietzsche, *Menschliches Allzumenschliches*, II, 169.

11 *Henry van de Velde. Ein europäischer Künstler seiner Zeit*, S. 263, 7. Dezember 1902.

12 Thomas Mann, *Werke*, Band XXII, *Briefe II 1914–1923*, Frankfurt am Main 2002, S. 34f., 27. Juni 1914.

13 Kessler, *Das Tagebuch*, Dritter Band, S. 537, 20. Januar 1903.

14 Ebd., S. 540, 27. Januar 1903.

15 Elli von Hofmann, »Im Kreis der Elite«, in: *Speculum Artis*, 15. Jg., 1963, Heft VI, S. 25.

16 Rainer Maria Rilke, »Böhmische Schlendertage«, in: *Werke*, Band IV, S. 19.

17 Ivo Hauptmann, *Bilder und Erinnerungen*, Hamburg 1976, S. 41.

18 Kessler, *Das Tagebuch*, Dritter Band, S. 143–146, 11.–16. Mai 1898.

19 Ebd., S. 231, 28. März 1899.

20 *Hugo von Hofmannsthal – Harry Graf Kessler*, S. 19, 18. November 1899.

21 Ebd., S. 46, 5. Juni 1903.

22 Ebd.

23 Kessler, *Das Tagebuch*, Dritter Band, S. 592f., 27. August 1903.

24 Ebd., S. 594, 29. August 1903.

25 *Hugo von Hofmannsthal – Harry Graf Kessler*, S. 80, 13. März 1905.

26 Kessler, *Das Tagebuch*, Dritter Band, S. 617, 1. November 1903.

27 van de Velde, *Geschichte meines Lebens*, S. 232.

28 Ebd., S. 230f.

29 Gerhart Hauptmann, *Tagebücher 1906 bis 1913*, hrsg. Peter Sprengel, Frankfurt am Main/Berlin 1994, S. 137, 17. November 1906.

30 Ebd., S. 230, 9. November 1909.

31 van de Velde, *Geschichte meines Lebens*, S. 231.

32 *Ida Dehmel 1870–1942*, Ausstellungskatalog Hamburg 1970, S. 36.

33 Ebd., S. 35.

Mittelpunkt geistiger Menschen

1 Maria van Rysselberghe, *Das Tagebuch der kleinen Dame. Auf den Spuren von André Gide 1918–1951*, München 1989, S. 193.

2 Wilhelm von Scholz, *An Ilm und Isar. Lebenserinnerungen*, Leipzig 1939, S. 103.

3 Nostitz, *Aus dem alten Europa*, S. 113.

4 van de Velde, *Geschichte meines Lebens*, S. 248.

5 Kessler, *Das Tagebuch*, Dritter Band, S. 813, 15. November 1905.

6 *Gerhart Hauptmann – Ludwig von Hofmann. Briefwechsel 1894–1944*, hrsg. Herta Hesse-Frielinghaus, Bonn 1983, S. 54f., 20. und 21. November 1903.

7 van de Velde, *Geschichte meines Lebens*, S. 238.

8 Scheffler, *Die fetten und die mageren Jahre*, S. 20 (die Rede ist von Meier-Graefe).

9 Gästebücher Schloss Neubeuern, Band V, S. 141.

10 Ursula und Günter Heiderich, *1899–1931. Rudolf Alexander Schröder und die Wohnkunst*, Bremen o.J., S. 9.

11 *Hugo von Hofmannsthal – Harry Graf Kessler*, S. 174, 4. Februar 1908.

12 Harry Graf Kessler, *Das Tagebuch*, Vierter Band 1906–1914, hrsg. Jörg Schuster, Stuttgart 2005, S. 170, 15. September 1906.

13 Kessler, *Das Tagebuch*, Dritter Band, S. 823, 16. Dezember 1905.

Kultus der Schönheit

1 Harry Graf Kessler, *Das Tagebuch*, Zweiter Band 1892–1897, hrsg. Günter Riederer/Jörg Schuster, Stuttgart 2004, S. 239, 13. Januar 1894.

2 Friedrich Nietzsche, *Sämtliche Werke. Kritische Studienausgabe*, hrsg. Giorgio Colli/Mazzino Montinari, Band XIII, München 1980, S. 500.

3 Harry Graf Kessler, »Henri de Régnier«, in: *Pan*, 1. Jg., 1895, Heft IV, S. 246.

4 Kessler, *Das Tagebuch*, Dritter Band, S. 538, 25. Januar 1903.

5 Georg Simmel, »Das Problem des Stiles«, in: *Gesamtausgabe. Aufsätze und Abhandlungen 1901–1908*, Band II, hrsg. Alessandro Cavalli/Volkhard Krech, Frankfurt am Main 1993, S. 380.

6 Kessler, *Das Tagebuch*, Dritter Band, S. 539, 25. Januar 1903.

7 Ebd., S. 544, 6. Februar 1903.

8 Kessler, *Das Tagebuch*, Vierter Band, S. 513, 16. November 1908.

9 van de Velde, *Geschichte meines Lebens*, S. 182.

10 Kessler, *Das Tagebuch*, Zweiter Band, S. 225, 20. Oktober 1893.

11 Henry van de Velde, »Prinzipielle Erklärungen«, in: *Zum neuen Stil*, hrsg. Hans Curjel, München 1985, S. 134.

12 *Hugo von Hofmannsthal – Richard Beer-Hofmann. Briefwechsel*, Frankfurt am Main 1972, S. 47f.

13 Osthaus, *Van de Velde*, S. 54.

14 *Die Moderne und ihre Sammler*, S. 100.

15 Kessler, *Das Tagebuch*, Dritter Band, S. 709, 8. September 1904 (im Tagebuch französisch zitiert).
16 Ebd., S. 825, 26. Dezember 1905.
17 Kessler, *Das Tagebuch,* Vierter Band, S. 291, 10. Juni 1907.
18 Peter Grupp, *Harry Graf Kessler 1868–1937. Eine Biographie*, München 1996, S. 52.
19 Kessler, *Das Tagebuch*, Dritter Band, S. 687, 28. Juni 1904.
20 Ivo Hauptmann, *Bilder und Erinnerungen*, S. 42.

Eine Welt für sich

1 Kessler, *Das Tagebuch*, Dritter Band, S. 399f., 9. März 1901.
2 *Bodenhausen. Ein Leben für Kunst und Wirtschaft*, S. 208, 10. Januar 1903.
3 Kessler, *Das Tagebuch*, Vierter Band, S. 214, 1. Dezember 1906.
4 Erika Brecht, *Erinnerungen an Hugo von Hofmannsthal*, Innsbruck 1946, S. 8.
5 Nostitz, *Muse und Weltkind*, S. 176.
6 *Rudolf Borchardt. Briefe 1895–1906*, hrsg. Gerhard Schuster, München 1995, S. 177.
7 Thomas Mann, *Werke. Briefe 1889–1913*, Frankfurt am Main 2002, S. 404, 13. Januar 1909.
8 Nostitz, *Aus dem alten Europa*, S. 144.
9 *Hugo von Hofmannsthal – Eberhard von Bodenhausen. Briefe der Freundschaft*, Berlin 1953, S. 44, 26. Juni 1904.
10 *Hugo von Hofmannsthal. Briefwechsel mit Alfred Walter Heymel 1900–1914*, hrsg. Werner Volke, Freiburg 1998, S. 50, 7. Januar 1908.
11 Gerhart Hauptmann, »Buch der Leidenschaften«, in: *Sämtliche Werke*, Band VII, Frankfurt am Main/Berlin 1962, S. 417.
12 Ebd., S. 413.
13 Wilhelm Bölsche, *Auf dem Menschenstern. Gedanken zu Natur und Kunst*, Dresden 1909, S. 262–266.
14 Ivo Hauptmann, *Bilder und Erinnerungen*, S. 34.
15 Peter-Klaus Schuster, »Leben wie ein Dichter – Richard Dehmel und die bildenden Künstler«, in: *Ideengeschichte und Kunstwissenschaft: Philosophie und bildende Kunst im Kaiserreich*, hrsg. Ekkehard Mai/Stephan Waetzoldt/Gerd Wolandt, Berlin 1983, S. 194.
16 Richard Dehmel, *Ausgewählte Briefe 1902–1920*, Berlin 1923, S. 44.
17 Schuster, »Leben wie ein Dichter«, S. 198.
18 Julius Bab, *Richard Dehmel. Die Geschichte eines Lebens-Werkes*, Leipzig 1926, S. 327.

Hübsche Möbel und feine Nerven

1 Kessler, »Henri de Régnier«, S. 246f.
2 Hugo von Hofmannsthal, »Gabriele d' Annunzio«, in: *Gesammelte Werke. Prosa I*, hrsg. Herbert Steiner, Frankfurt am Main 1950, S. 173.
3 *Henry van de Velde. Ein europäischer Künstler seiner Zeit*, S. 116, Februar 1911.
4 *Bodenhausen. Ein Leben für Kunst und Wirtschaft*, S. 127, 13. Juni 1899.

5 *Eberhard von Bodenhausen – Harry Graf Kessler*, S. 85, 7. April 1907.
6 Kessler, *Das Tagebuch*, Dritter Band, S. 317f., 10. September 1900.
7 Ebd., S. 617, 1. November 1903.
8 *Hugo von Hofmannsthal – Eberhard von Bodenhausen*, S. 96, 19. September 1907.
9 *Hugo von Hofmannsthal – Helene von Nostitz. Briefwechsel*, Frankfurt am Main 1965, S. 72, 11. September 1908.
10 Kessler, *Das Tagebuch*, Dritter Band, S. 294, 6. April 1900, und S. 451, 29. Dezember 1901.
11 *Bodenhausen. Ein Leben für Kunst und Wirtschaft*, S. 57, 10. Mai 1894.
12 Ebd., S. 137, 4. Januar 1900.
13 Ebd., S. 152, 22. Oktober 1901.
14 *Hugo von Hofmannsthal – Eberhard von Bodenhausen*, S. 79, 7. Juni 1906.
15 *Hugo von Hofmannsthal – Harry Graf Kessler*, S. 127, 26. September 1906.
16 *Eberhard von Bodenhausen – Harry Graf Kessler*, S. 89, 28. Juni 1909.
17 *Hugo von Hofmannsthal. Briefwechsel mit Ottonie Gräfin Degenfeld und Julie Freifrau von Wendelstadt*, Frankfurt am Main 1986, S. 227, 10. Juni 1912.
18 *Hugo von Hofmannsthal – Harry Graf Kessler*, S. 248, 27. Juni 1909.
19 Ebd., S. 249, 1. Juli 1909.
20 *Hugo von Hofmannsthal. Briefwechsel mit Alfred Walter Heymel*, S. 44, 25. September 1907.
21 Ebd., S. 72, 7. Juli 1908.
22 Ebd., S. 74, 11. Juli 1908.
23 Kessler, *Das Tagebuch*, Vierter Band, S. 755, 5. Dezember 1911.

Das Dresdner und Weimarer Fiasko

1 Die »Welt am Sonntag« vom 28. Mai 1906, in: Hauptmann, *Tagebücher 1906 bis 1913*, S. 501.
2 Schumacher, *Stufen des Lebens*, S. 195.
3 Ebd., S. 259.
4 *Henry van de Velde in Weimar*, S. 153.
5 Ebd.
6 van de Velde, *Geschichte meines Lebens*, S. 278.
7 Henry van de Velde, *Vom neuen Stil*, Leipzig 1907, S. 43.
8 Kessler, *Das Tagebuch*, Vierter Band, S. 143, 13. Mai 1906.
9 Ebd., S. 147, 1. Juni 1906.
10 *Hugo von Hofmannsthal – Eberhard von Bodenhausen*, S. 81, 9. Juni 1906.
11 van de Velde, *Geschichte meines Lebens*, S. 289.
12 *Hugo von Hofmannsthal – Harry Graf Kessler*, S. 121ff., 14. und 17. Juli 1906.
13 Kessler, *Das Tagebuch*, Vierter Band, S. 523f., 10. Dezember 1908.

Räume ernster Geschlossenheit

1 van de Velde, *Geschichte meines Lebens*, S. 290.
2 *Bodenhausen. Ein Leben für Kunst und Wirtschaft*, S. 217, 25. April 1906.
3 Kessler, *Das Tagebuch*, Vierter Band, S. 383, 15. Dezember 1907.
4 Ebd., S. 766, 20. Dezember 1911.
5 Karl Scheffler, *Henry van de Velde. Vier Essays*, Leipzig 1913, S. 67f.
6 Lichtwark, *Briefe an die Kommission*, Band II, S. 326.
7 Ebd., S. 253f.

8 van de Velde, *Geschichte meines Lebens*, S. 122.
9 Ebd., S. 298.
10 Nostitz, *Aus dem alten Europa*, S. 104.
11 Ebd., S. 105.
12 Ebd., S. 107.
13 Ebd., S. 111.
14 Max Reinhardt, »Über ein Theater, wie es mir vorschwebt«, in: *Schriften, Briefe, Reden, Aufsätze, Interviews, Gespräche, Auszüge aus Regiebüchern*, hrsg. Hugo Fetting, Berlin 1974, S. 67.
15 Nostitz, *Aus dem alten Europa*, S. 208.
16 Hugo von Hofmannsthal, »Ein Brief«, in: *Der Brief des Lord Chandos. Erfundene Gespräche und Briefe*, Frankfurt am Main 2002, S. 27.
17 Hugo von Hofmannsthal, »Die Briefe des Zurückgekehrten«, in: *Der Brief des Lord Chandos*, S. 104.

Das Land der Sehnsucht

1 Friedrich Nietzsche, *Menschlich Allzumenschliches*, II, 169.
2 Harry Graf Kessler, *Gesichter und Zeiten. Erinnerungen*, Berlin 1962, S. 242.
3 Ebd., S. 243.
4 Friedrich Nietzsche, *Menschlich Allzumenschliches*, II, 218.
5 van de Velde, *Vom neuen Stil*, S. 94.
6 Gerhart Hauptmann, *Griechischer Frühling*, Berlin 1908, S. 51.
7 Ebd., S. 57.
8 Ebd., S. 83.
9 Ebd., S. 97ff.
10 *Eberhard von Bodenhausen – Harry Graf Kessler*, S. 88, 28. Juni 1909.
11 Harry Graf Kessler, *Künstler und Nationen. Aufsätze und Reden 1899–1933*, Frankfurt am Main 1988, S. 178.
12 Ebd., S. 179.
13 Kessler, *Das Tagebuch*, Vierter Band, S. 457, 4. Mai 1908.
14 Hugo von Hofmannsthal, *Gesammelte Werke. Erzählungen, Gespräche, Briefe, Reisen*, Frankfurt am Main 1979, S. 678.
15 Hans Holdt/Hugo von Hofmannsthal, *Griechenland, Baukunst – Landschaft – Volksleben*, Berlin 1922, S. VI.
16 Hofmannsthal, *Gesammelte Werke. Erzählungen, Gespräche, Briefe, Reisen*, S. 620f.

Rückzug in vertraute Enklaven

1 *Henry van de Velde. Ein europäischer Künstler seiner Zeit*, S. 270, 31. August 1908.
2 van de Velde, *Geschichte meines Lebens*, S. 308.
3 Ebd., S. 319.
4 Joseph Roth, *Radetzkymarsch*, Zweiter Teil, Kapitel XIII, Amsterdam 2007, S. 235.
5 *Curt Herrmann: 1854–1929*, S. 591, 13. Juli 1909.
6 van de Velde, *Geschichte meines Lebens*, S. 347.
7 Ebd., S. 325.
8 Kessler, *Das Tagebuch*, Vierter Band, S. 608, 5. Dezember 1910.
9 Thomas Föhl, *Henry van de Velde. Architekt und Designer des Jugendstils*, Weimar 2010, S. 240.

10 Kessler, *Das Tagebuch*, Vierter Band, S. 666, 7. Mai 1911.
11 Ebd., S. 766, 20. Dezember 1911.
12 Ebd., S. 669, 14. Mai 1911.
13 Ebd., S. 631, 3. März 1911.
14 Alfred Kerr, *Walther Rathenau. Erinnerungen eines Freundes*, Amsterdam 1935, S. 26.
15 Walther Rathenau, *Briefe*, Band I, Dresden 1926, S. 105.
16 Walther Rathenau, *Hauptwerke und Gespräche*, hrsg. Ernst Schulin, München/Heidelberg 1977, S. 93.
17 *Curt Herrmann: 1854–1929*, S. 605, 26. Februar 1912.
18 Eduard Plietzsch, *... heiter ist die Kunst. Erlebnisse mit Künstlern und Kennern*, Gütersloh 1955, S. 137.

Das Nietzsche-Denkmal

1 *Hugo von Hofmannsthal – Helene von Nostitz*, S. 34, 2. April 1907.
2 *Hugo von Hofmannsthal – Eberhard von Bodenhausen*, S. 100, 14. November 1907.
3 *Gerhart Hauptmann – Ludwig von Hofmann*, S. 75, 20. Juni 1908.
4 Grupp, *Harry Graf Kessler*, S. 142f.
5 *»ihr kinderlein kommet«. Henry van de Velde: Ein vergessenes Projekt für Friedrich Nietzsche*, Ostfildern-Ruit 2000, S. 40, 9. Januar 1911.
6 *Hugo von Hofmannsthal – Harry Graf Kessler*, S. 324, 16. April 1911.
7 Ebd., S. 326, 25. April 1911.
8 Kessler, *Das Tagebuch*, Vierter Band, S. 663, 20. April 1911.
9 Ebd., S. 719, 12. August 1911.
10 Ebd., S. 723, 5. September 1911.
11 Kessler, *Das Tagebuch*, Dritter Band, S. 685, 20. Juni 1904.
12 Kessler, *Das Tagebuch*, Vierter Band, S. 732, 20. Oktober 1911.
13 Ebd., S. 739, 6. November 1911.
14 Ebd., S. 752, 29. November 1911.
15 Ebd., S. 752, 30. November 1911.
16 Ebd., S. 801, 23. März 1912.
17 *Bodenhausen. Ein Leben für Kunst und Wirtschaft*, S. 219, 28. April 1912.
18 van de Velde, *Geschichte meines Lebens*, S. 350.
19 *»ihr kinderlein kommet«*, S. 53, 12. Oktober 1911.
20 van de Velde, *Geschichte meines Lebens*, S. 351.
21 Ebd., S. 353.

Unhaltbare Positionen

1 Schröder, *Gesammelte Werke*, Band III, Frankfurt am Main 1952, S. 1090.
2 *Bodenhausen. Ein Leben für Kunst und Wirtschaft*, S. 221, 13. Oktober 1913.
3 van de Velde, *Geschichte meines Lebens*, S. 372.
4 Ebd., S. 345.
5 Ebd., S. 349.
6 Scheffler, *Die fetten und die mageren Jahre*, S. 32f.
7 Ebd., S. 33.
8 Thilo Schoder, *Architektur und Design 1888–1979*, hrsg. Ulrike Rüdiger, Gera 1997, S. 9.
9 *Jahrbuch des Deutschen Werkbunds*, Band IV, 1915, S. 11.

10 Fritz Schumacher, *Selbstgespräche*, Hamburg 1949, S. 58.
11 Karl Kraus, »Der Sündenpfuhl«, in: *Die Fackel*, Nr. 254–255, 22. Mai 1908, S. 23f.
12 Adolf Loos, *Trotzdem: 1900–1930*, hrsg. Adolf Opel, Wien 1982, S. 89.
13 van de Velde, *Geschichte meines Lebens*, S. 362.
14 Ebd., S. 368.

Epilog

1 Kessler, *Das Tagebuch*, Vierter Band, S. 917, 29. Juli 1914.
2 van de Velde, *Geschichte meines Lebens*, S. 375.
3 Ebd., S. 377.
4 Ebd., S. 385.
5 Osthaus, *Van de Velde*, S. 134.
6 Gerhart Hauptmann, *Sämtliche Werke*, hrsg. Hans-Egon Hass, Band XI, Frankfurt am Main/Berlin/Wien 1974, S. 663.
7 *Eberhard von Bodenhausen – Harry Graf Kessler*, S. 98, 1. Dezember 1914.
8 Rudolf Alexander Schröder, *Heilig Vaterland. Kriegsgedichte*, Leipzig 1914, S. 11.
9 Wolfgang J. Mommsen, »Deutsche kulturelle Eliten im Ersten Weltkrieg«, in: *Kultur und Krieg. Die Rolle der Intellektuellen, Künstler und Schriftsteller im Ersten Weltkrieg*, hrsg. Wolfgang J. Mommsen, München 1996, S. 7ff.
10 *Hugo von Hofmannsthal – Eberhard von Bodenhausen*, S. 145, 30. April 1912.

BILDNACHWEISE

S. 8 *Henry van de Velde. Ein europäischer Künstler seiner Zeit*, hrsg. Klaus-Jürgen Sembach/Birgit Schulte, Köln 1992, S. 186/187.

S. 12 Wolf D. Pecher, *Henri van de Velde. Das Gesamtwerk. Gestaltung*, Band 1, München 1981, S. 86.

S. 20 *Henry van de Velde. Ein europäischer Künstler seiner Zeit*, hrsg. Klaus-Jürgen Sembach/Birgit Schulte, Köln 1992, S. 153.

S. 30 Ingeborg Becker, *Henry van de Velde in Berlin*, Berlin 1993, S. 73.

S. 38 Wolf D. Pecher, *Henri van de Velde. Das Gesamtwerk. Gestaltung*, Band 1, München 1981, S. 132.

S. 46/7 Ingeborg Becker, *Henry van de Velde in Berlin*, Berlin 1993, S. 47.

S. 62 *Henry van de Velde. Ein europäischer Künstler seiner Zeit*, hrsg. Klaus-Jürgen Sembach/Birgit Schulte, Köln 1992, S. 238.

S. 70 Ebd., S. 256.

S. 78 Ebd., S. 33.

S. 84/5 *Harry Graf Kessler. Tagebuch eines Weltmannes*, Marbacher Kataloge 43, hrsg. Gerhard Schuster/Margot Pehle, Marbach am Neckar 1988, S. 123.

S. 96 *Henry van de Velde. Ein europäischer Künstler seiner Zeit*, hrsg. Klaus-Jürgen Sembach/Birgit Schulte, Köln 1992, S. 264.

S. 119 Scherl/SZ Photo

S. 122 *Harry Graf Kessler. Tagebuch eines Weltmannes*, Marbacher Kataloge 43, hrsg. Gerhard Schuster/Margot Pehle, Marbach am Neckar 1988, S. 153.

S. 130 *Das deutsche Kunstgewerbe, 1906. III. Deutsche Kunstgewerbeausstellung Dresden 1906*, München 1906, S. 109.

S. 139 *Henry van de Velde. Ein europäischer Künstler seiner Zeit*, hrsg. Klaus-Jürgen Sembach/Birgit Schulte, Köln 1992, S. 108.

S. 164/5 Jürgen Krause, *Märtyrer und Prophet. Studien zum Nietzsche-Kult in der bildenden Kunst der Jahrhundertwende*, Berlin/New York 1984, Abb. 28.

S. 182 *Henry van de Velde. Ein europäischer Künstler seiner Zeit*, hrsg. Klaus-Jürgen Sembach/Birgit Schulte, Köln 1992, S. 29.

Zur Ergänzung der notwendig begrenzten Bildauswahl empfehlen wir die im Internet vorhandenen Bilder und Fotos der im Buch erwähnten Gebäude, Gegenstände, Interieurs und Personen.

URSULA MUSCHELER,
in Stuttgart promovierte Architektin, ist freiberuflich und als Autorin erzählender Sachbücher zur Architekturgeschichte tätig. Veröffentlichungen: »Haus ohne Augenbrauen. Architekturgeschichten aus dem 20. Jahrhundert« (2007), »Die Nutzlosigkeit des Eiffelturms. Eine etwas andere Architekturgeschichte« (2008), »Sternstunden der Architektur. Von den Pyramiden bis zum Turmbau von Dubai« (2009) und, als Herausgeberin: »Unsere Architekten. Feinste Verrisse von Cicero bis Kurt Tucholsky« (2011).

DANKSAGUNG
Mein Dank gilt Katharina Muscheler-Lorange und Klaus Kretschmann für Unterstützung bei Text und Übersetzung, für Anregungen und kritische Einwände.

Konzeption | Gestaltung: Groothuis, Lohfert, Consorten | glcons.de
Satz | Herstellung: Büro für Gedrucktes, Beate Mössner
Gesetzt aus der Fleischmann und der Futura
Abbildungen: Einbandvorderseite und Einbandrückseite von
Süddeutsche Zeitung Photo, Frontispiz von ullstein bild: Henry van de Velde
mit seiner Familie im Garten von Haus Hohe Pappeln in Weimar.
Reproduktion: Frische Grafik, Hamburg
Druck und Bindung: CPI – Clausen & Bosse, Leck
Printed in Germany
ISBN 978-3-937834-50-4